Mit Ausflügen rund um

DRESDEN

Stadtführer spezial

DIE AUTOREN

Roland Mischke, in Chemnitz geboren, studierte in Berlin Evangelische Theologie und Germanistik. Er hat bei verschiedenen Tageszeitungen, unter anderem auch bei der FAZ, gearbeitet und zwei Sachbücher sowie mehr als ein Dutzend Reiseführer geschrieben. Nach 25 Jahren Zwischenstopp in Frankfurt am Main lebt er heute wieder in Berlin.

Anja Kleider, geboren 1987, lebt in Dresden und liebt es, die Welt zu entdecken – die atemberaubenden Naturschätze, die fremden Kulturen und das köstliche Essen. In ihrem »Reiseblog für Weltentdecker« berichtet sie von Reisen in ferne Länder und schreibt über ihre Heimatstadt Dresden.

www.vistapoint.de

INHALT

Zeichenerklärung

Top 10
Das müssen Sie gesehen haben

Mein Dresden
Lieblingsplätze des Autors

Vista Point
Museen, Galerien, Architektur und andere Sehenswürdigkeiten

Kartensymbol: Verweist auf das entsprechende Planquadrat der ausfaltbaren Karte bzw. der Detailpläne im Buch.

Willkommen in Dresden

Für den gebürtigen Dresdner Erich Kästner war die Stadt voller »Kunst und Geschichte und trotzdem kein zu damaliger Zeit von 650 000 Dresdnern zufällig bewohntes Museum«. Eines seiner schönsten Bekenntnisse lautet: »Wenn es zutreffen sollte, dass ich nicht nur weiß, was schlimm und hässlich, sondern auch, was schön ist, so verdanke ich diese Gabe dem Glück, in Dresden aufgewachsen zu sein.« Heinrich von Kleist hatte schon zuvor die »große feierliche Lage« inmitten der grandiosen Elblandschaft gerühmt: In welcher deutschen Großstadt darf sich ein Fluss noch so »unbezwungen« durch das Zentrum schlängeln!

Und welche Stadt hat in und vor ihren Toren eine solche Vielzahl an Kunst- und Naturschätzen zu bieten – vom berühmten Zwinger und seinen Kunstsammlungen über den Sommersitz der kurfürstlichen und königlichen Familien in Pillnitz bis hin zur bizarren Felsenlandschaft der Sächsischen Schweiz. Der einmaligen Symbiose von Landschaft, Architektur und Kunst verdankte die Stadt einst ihren Ruf als Kulturmetropole ersten Ranges: Elbflorenz.

Davon war im Februar 1945, nach den katastrophalen Zerstörungen durch die britischen und amerikanischen Bomberverbände, nichts mehr übrig. Total vernichtet wurden 15 Quadratkilometer städtisches Territorium. Es wird angenommen, dass mehr als 25 000 Menschen den Tod fanden. Der Neuaufbau des Altmarkts in den 1950er Jahren war eine der ersten Maßnahmen zur Wiederbelebung der totgesagten Stadt, und die Geschichte des Wiederaufbaus ist eine Geschichte zäher Kämpfe zwischen sozialistischen Städteplanern und geschichtsbewussten Denkmalschützern. Das Ergebnis so mancher Auseinandersetzung kann der Besucher bei einem Rundgang durch Alt- und Neustadt entdecken.

Heute ist die Hauptstadt von Sachsen zu einem der beliebtesten Reiseziele in Deutschland geworden. Besonders locken die kulturellen Anziehungspunkte der Stadt, neben einem Besuch in der Semperoper natürlich ein Konzert des weltbekannten Kreuzchors oder ein Gang durch die einmaligen Museen. Der Besucher erkennt: Dresden hat nach den umfangreichen Baumaßnahmen der letzten Jahre seine alte Schönheit zurückgewonnen und ist nun wieder das, was es schon einmal war: Elbflorenz.

Dresdens Silhouette am Morgen

Top 10: Das müssen Sie gesehen haben

1 **Kreuzkirche**
S. 19, 107 ➡ aD3
Alte Kirche, spartanisch ausgestattet, aber mit einem Splitter vom Kreuz Christi.

2 **Frauenkirche**
S. 20, 96 ff. ➡ aC3/4
Einer der großen protestantischen Kirchenbauten wurde nach seiner Zerstörung bis 2005 wiederaufgebaut, er bestimmt die barocke Stadtsilhouette.

3 **Brühlsche Terrasse und Albertinum**
S. 21, 22, 70 f., 94 f. ➡ aC3/4
Der Terrassenblick umfasst das Augusteische Dresden, das Albertinum ist nach seiner Restaurierung schöner als je zuvor.

4 **Semperoper**
S. 22 ff., 117, 118 ➡ aC3
Das Neorenaissancegebäude gehört zu den schönsten Opernhäusern Europas.

5 **Zwinger/Gemäldegalerie Alte Meister**
S. 24 f., 75 f., 77, 122, 123 ➡ aC2/3
Das pompöse Bauwerk ließ August der Starke als Lustort anlegen, in der Sempergalerie ist die Galerie Alte Meister untergebracht.

6 **Residenzschloss**
S. 25 ff., 76 ff., 81 f., 113 ff. ➡ aC3
Die frühere Residenz der Wettiner mitten im Zentrum hat der Dresdner Architekt Peter Kulka in ein modernes Museumsschloss verwandelt.

7 **Hofkirche**
S. 28, 104, 105 ➡ aC3
Der elegante Sakralbau ist ein wichtiger Bestandteil der Altstadt-Skyline.

8 **Schloss Pillnitz**
S. 43, 44 ➡ bC5
Mit dem Schlossbau, dem Park, den Weinbergterrassen und den Wanderwegen ein besonders idyllischer Ort.

Blaues Wunder
S. 94 ➜ F12/13

Ein Wunder ist Dresdens berühmte Brücke auch deshalb, weil die Nazis sie sprengen wollten – und sie dennoch erhalten blieb.

 Kraftwerk Mitte Dresden
S. 106, 150 ➜ aC1

Das ehemalige Heizkraftwerk wurde zum Kultur-Kraftwerk umgewandelt. Ein gelungener Kraftakt.

Mein Dresden
Lieblingsplätze des Autors

Liebe Leser,

dies sind einige ausgewählte Orte in der Elbestadt, an die ich immer wieder gern zurückkehre. Eine schöne Zeit in Dresden wünscht Ihnen

Roland Mischke

 Gartenstadt Hellerau
S. 102, 174 f. ➜ bA4

Der späte Ausklang des romantischen Siedlungsbaus galt zu Beginn des 20. Jahrhunderts deutschlandweit als »Erlösung von der Mietskaserne«.

 Italienisches Dörfchen
S. 134 ➜ aC3

Dresdens schönster Ort, um zu speisen und dabei auf den Fluss zu schauen.

 Café Schinkelwache
S. 138 f. ➜ aC3

Bester Logenplatz, um Besucher aus den verschiedensten Ländern und kosmopolitisches Flair zu erleben.

 Wein.Kultur.Bar
S. 148 ➜ H11

Wein- und Käseliebhaber finden im Villenviertel Striesen ihr Paradies – kulinarische Erleuchtungen garantiert.

 Konzertplatz Weißer Hirsch
S. 176 ➜ D14

Oase mitten im Grünen: Picknick im Biergarten oder Aufführungen in der historischen Konzertmuschel im gleichnamigen Stadtteil Weißer Hirsch.

Tarifzone Meißen 50

Tarifzone Königsbrück 34

Tarifzone Radebeul 52

10+52

Weinböhla

50+52

Tarifzone Nossen 51

10+51

Tarifzone Freital 61

10+61

Radebeul West

Radebeul Ost

Radebeul-Weintraube

Niederwartha

Oberwartha

Cossebaude

Oberloschwitz

Cotta

Leutewitz

Gorbitz

Gompitz

Pennrich

Omsewitz

Neuomsewitz

Löbtau Nord

Löbtau

Naußlitz

Löbtau Süd

Plauen

Dölzschen

Coschütz

Wilder Mann

Trachau

Trachenberge

Kaditz

Mickten

Übigau

MESSE DRESDEN

Pieschen

Äußere Neustadt

Innere Neustadt

Altstadt

Friedrichstadt

Südvorstadt

Südvorstadt West

Wilschdorf

Boxdorf

Rähnitz

Hellerau

Klotzsche

Infineon

Flughafen

Hauptbahnhof

Leipziger Vorstadt

Bahnhof Neustadt

Wurzener Str.

ElbePark

Am Vorwerksfeld

www.dvb.de
Service 0351 857-1011

Redaktionsschluss: 03.03.2021 © DVB AG
Änderungen vorbehalten.

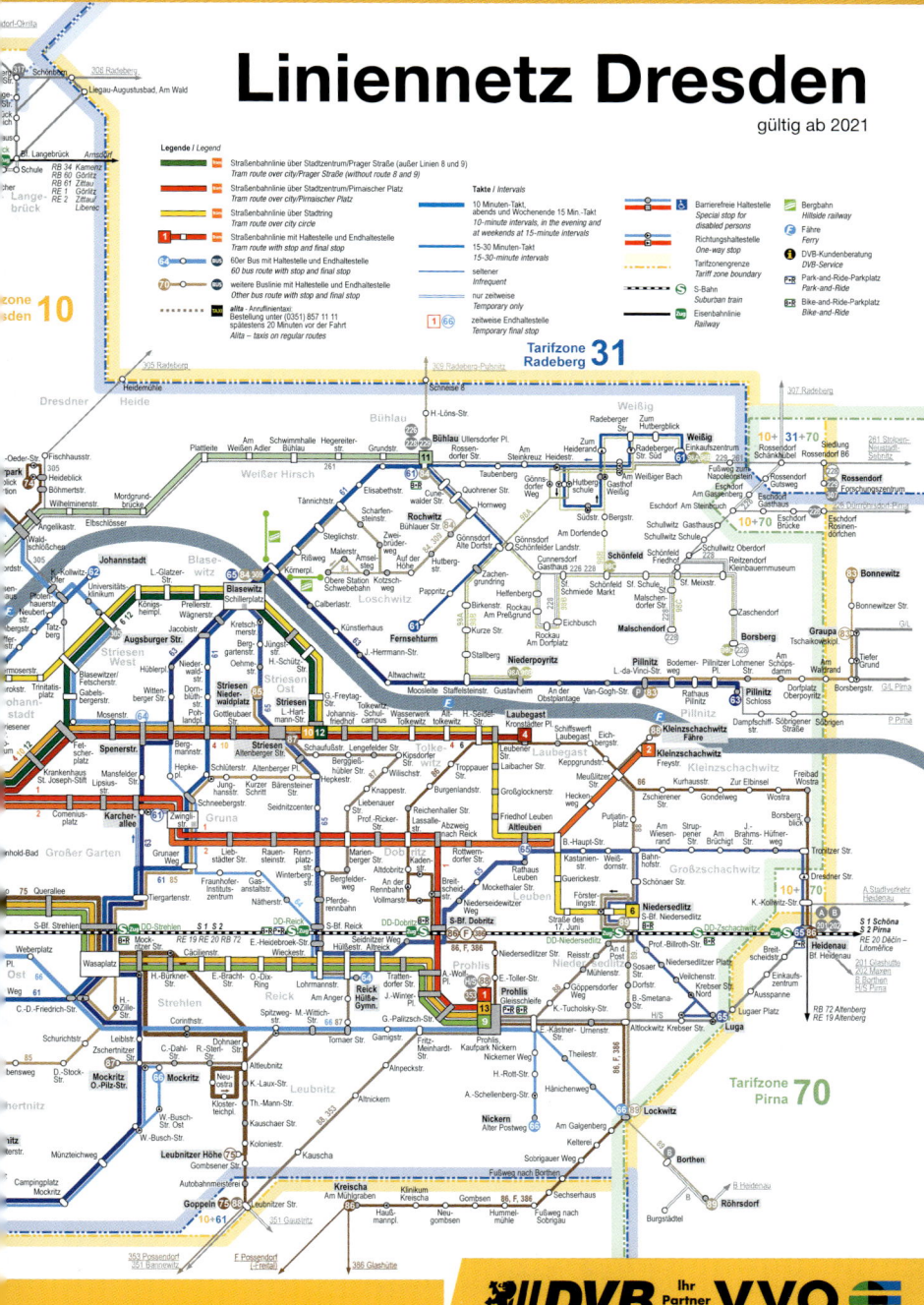

Liniennetz Dresden

gültig ab 2021

Ein Rundgang durch Dresdens Alt- und Neustadt

Vormittag
Prager Straße – Neues Rathaus – Gewandhaus – Alt-markt – Kreuzkirche – Neumarkt – Frauenkirche – Albertinum – Brühlsche Terrasse.

Mittagspause
Bistro & Bar Ecke Frauenkirche, ✆ (03 51) 864 24 48 32 Tägl. 9–2 Uhr, oder Bierhaus Dampfschiff, ✆ (03 51) 864 28 26, tägl. 12–22 Uhr, beide im Hotel Hilton, Münzgasse.

Nachmittag
Theaterplatz – Semperoper – Zwinger – Schloss – Fürstenzug – Katholische Hofkirche – Augustusbrücke – Hauptstraße (Kügelgenhaus) – Albertplatz.

Wer nach deren Wiederaufbau durch die **Prager Straße** ➡ G/H5 lief, mochte kaum glauben, dass diese zugige, öde Straße einst in einem Atemzug mit Berlins Kurfürstendamm und den Champs-Élysées von Paris genannt wurde. Heute, nach Umbau und Verdichtung, zeigt sie sich schon sehr viel angenehmer und von menschlichen, überschaubaren Maßen.

1851 wurde die Prager Straße angelegt, mit ihren Geschäften, Restaurants und Hotels gehörte sie zu den

Dresdens bekannteste Shopping-Meile: die Prager Straße

DRESDEN

Dresden, Sachsen

Einst Kulturmetropole ersten Ranges war nach den katastrophalen Zerstörungen durch die britischen und amerikanischen Bomberverbände im Februar 1945 nicht mehr viel von Dresden übrig. Inzwischen ist die

Dresden-Panorama.

Hauptstadt von Sachsen jedoch wieder das geworden, was sie einmal war: Elbflorenz.

Der Altmarkt bildet das historische Zentrum der Stadt. Neben seiner Handelsfunktion diente der Platz über das Mittelalter hinaus als Schauplatz für Feste, Turniere und den ältesten Weihnachtsmarkt Deutschlands, den Striezelmarkt. Weltstadtflair und Lokalkolorit kommen hier zusammen. Am Altmarkt steht auch die Kreuzkirche, das älteste Gotteshaus der Stadt mit dem weltberühmten Kreuzchor.

Der Neumarkt ein paar Schritte weiter wird von der Frauenkirche beherrscht. Dahinter erhebt sich der Baukomplex der Hochschule für Bildende Künste (1894), in der berühmte Bildhauer, Maler und Künstler ausgebildet wurden, deren Schaffen als Dresdner Schule in die Kunstgeschichte einging. Weitere Superlative der Kunst schließen sich an: Das Albertinum bietet der Galerie Neue Meister und der Skulpturensammlung Platz – und was für einen! Eine Treppe führt am Denkmal des großen Stadtbaumeisters Gottfried Semper vorbei zur Brühlschen Terrasse, dem »Balkon Europas«, von wo sich der Blick auf das rechte Elbufer und das Brückenpanorama eröffnet. Auf der westlichen Seite führt eine Freitreppe zum Schloss- und Theaterplatz, dem Zentrum des höfischen Dresden. Hier stehen jene Bauten, die den Ruhm der Stadt als Elbflorenz begründeten: Zwinger mit Semperbau, Schloss und Hofkirche, Semperoper – wieder ein vollkommenes Bild.

INFO: Dresden Information an der Frauenkirche, QF-Passage, Neumarkt 2, 01067 Dresden, Tel. (03 51) 50 15 01, www. dresden-tourist.de, www.dresden.de.

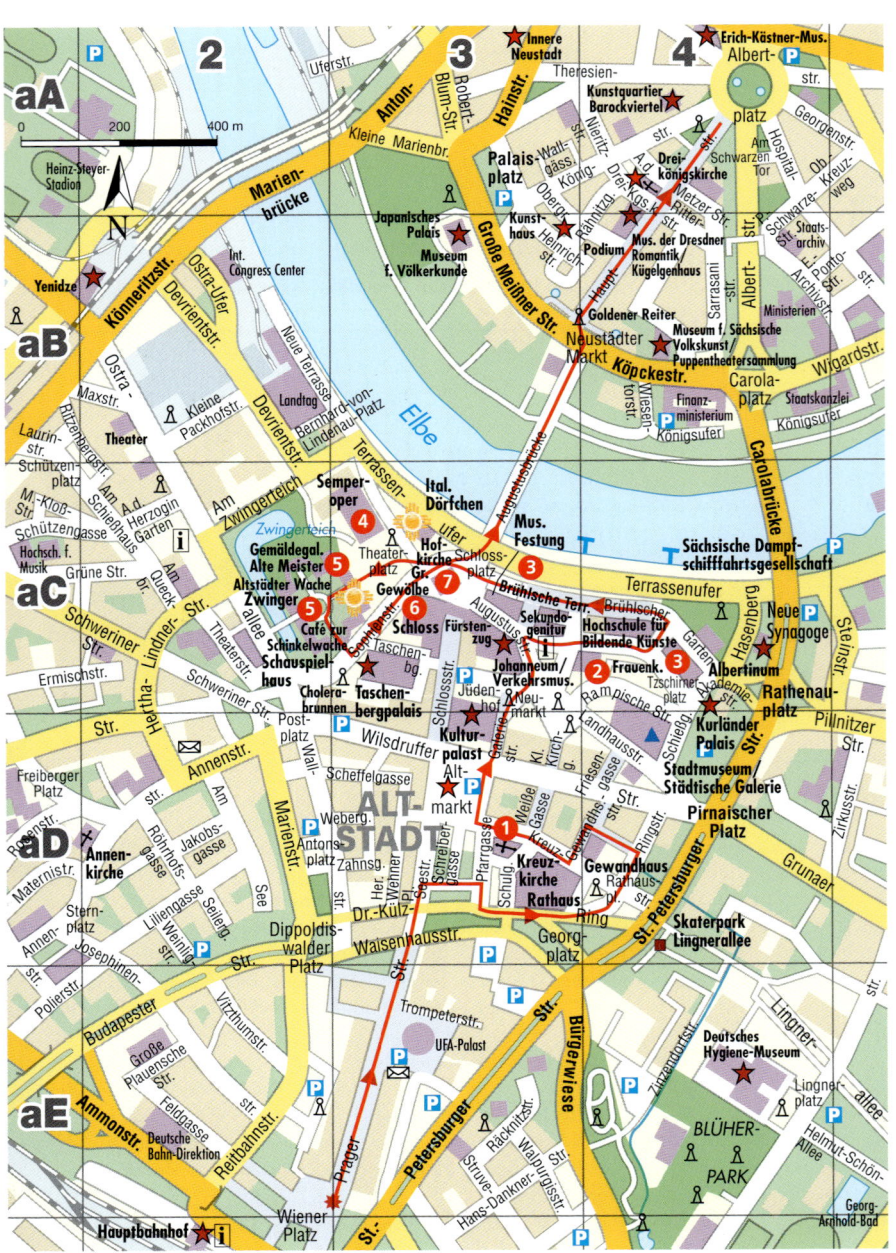

elegantesten Einkaufsstraßen Europas. Der Bombenangriff von 1945 hinterließ ein riesiges Trümmerfeld. Erst in den 1960er und 1970er Jahren wurde das Gelände als Fußgängerzone gestaltet. Das sozialistische Kastenparadies blieb zur Erinnerung an die monströse Geschmacklosigkeit einer Ideologie teilweise erhalten, ist aber mit neuen Glasfronten im monotonen Plattenbau-Allerlei, Läden und Cafés aufgewertet worden.

Ein wenig zurückgesetzt, an der St. Petersburger Straße, prunkt Deutschlands eigenwilligstes Kino, entworfen vom Wiener Architektenteam Coop Himmelb(l)au. Der **Ufa-Kristall-Palast** ➡ aE3 ist ein skurriles Gebilde mit einem scheinbar kippenden Zylinderbau, der 4550 Plätze hat. Das Stahl-Glas-Gewirr wirkt wie ein schief geschliffener Diamant, zusammengehalten durch Stahlseile, zwei tragende Türme und filigrane Sprossen. Zitiert wird mit diesem Bau der Londoner Kristallpalast von 1851. Er soll an diesem exponierten Ort die Wirren der Geschichte versinnbildlichen und in die Zukunft weisen.

Über die Waisenhausstraße und den Dr.-Külz-Ring gelangt man rechter Hand zum **Neuen Rathaus** ➡ aD3. Auf seinem 98 Meter hohen Turm gießt eine herkulische Figur das Füllhorn über Dresden aus: Der vergoldete **Rathausmann** ist eines der bekanntesten

Blick von der Frauenkirche, links das Neue Rathaus mit seinem 98 Meter hohen Turm

Wahrzeichen der Elbmetropole. Nach seiner Sanierung kann man wieder mit dem Fahrstuhl bis zur Höhe von 68 Metern hinauffahren (tägl. 10–18 Uhr). Bei gutem Wetter öffnet sich die Sicht bis zu den Bergen der Sächsischen Schweiz.

Ein paar Schritte weiter zeigt sich das **Gewandhaus** ➡ aD4 im Stil des Übergangs vom Spätbarock zum Frühklassizismus. Vor dem Krieg residierte hier die Stadtbank. 1945 brannte der Bau aus und im Zuge des Wiederaufbaus wurde das Gebäude zu einem Hotel.

Auf dem **Altmarkt** ➡ aD3 befinden wir uns mitten im historischen Zentrum der Stadt. Neben seiner Handelsfunktion diente der Platz über das Mittelalter hinaus als Schauplatz für Feste und Turniere. Heute ist er umrahmt von Häusern im historisierenden Stil. Sie wurden in den 1950er Jahren errichtet und sind an die Gestaltungsform des Dresdner Barock angelehnt. Die Südseite des Platzes wird seit 1998 durch neue Bauten geschlossen. Bemerkenswert ist der Umbau von Häusern hinter der

Attraktion in der Vorweihnachtszeit: der Striezelmarkt auf dem Altmarkt mit der Kreuzkirche und dem Rathausturm im Hintergrund

Traditionell findet am Eröffnungstag des Striezel-markts, dem Donnerstag vorm 1. Advent, ein ökume-nischer Gottesdienst in der Kreuzkirche statt

nicht umgebauten Westseite im Quartierhof zu einem eleganten Passagenviertel namens Altmarkt-Galerie. Hier wird ein vielfältiges Konsumangebot in einer Mischung aus Weltstadtflair und Lokalkolorit präsentiert, und das mitten im Herzen der Stadt.

Das bekannteste, wieder aufgebaute Gebäude am Altmarkt ist die ❶ **Kreuzkirche** ➜ aD3, der älteste Versammlungsort der Christen innerhalb der Stadtmauern und ein Hort protestantisch-aufklärerischer Tradition sowie geistiger Emanzipation. 1955, zehn Jahre nach ihrer Zerstörung, gab der weltberühmte Kreuzchor in der aufgebauten Kirche erstmals wieder ein Konzert. Vom Turm des Gotteshauses kann man einen guten Überblick von Dresden gewinnen.

Es geht weiter Richtung Neumarkt. Die Wilsdruffer Straße, Verkehrsader und Einkaufsallee, war zu DDR-Zeiten als Ernst-Thälmann-Straße Schauplatz von Aufmärschen und Paraden. Nördlich des Altmarkts dominiert seit 1969 der **Kulturpalast** ➜ aD3 das Straßenbild. Nach umfangreicher Sanierung wurde er 2017 wieder eröffnet. Das **Landhaus** am anderen Ende der Wilsdruffer Straße ist das einzige historische Gebäude des alten Straßenzugs und beherbergt heute das **Stadtmuseum Dresden** ➜ aD4.

Der **Neumarkt** wurde auf einer alten slawischen Siedlungsstätte angelegt und war bis zur Feuersbrunst 1945 das »Filetstück« der Stadt. Die Bombenladungen der englischen und amerikanischen Fliegerverbände vernichteten einmalige Barock- und Rokokobauten sowie

Das Verkehrsmuseum, eines der meistbesuchten Museen in Dresden

Bürgerhäuser. Wieder aufgebaut wurde das **Johanneum** ➡ aC3, in dem das **Verkehrsmuseum** untergebracht ist.

Das Jahr 2006 ging als jenes in die Geschichte ein, in dem das barocke Zentrum in alter Pracht wieder auferstand. Zum ersten Mal hat sich damit eine deutsche Stadt durch Wiederaufbau und Rekonstruktion seine ursprüngliche Mitte zurückgeholt. Optisch beherrscht wird der Neumarkt von der ❷ **Frauenkirche** ➡ aC3/4, deren 95 Meter hohe Kuppel wieder gemeinsam mit den Türmen von Hofkirche, Schloss und Rathaus das Stadtbild am linken Elbufer ziert. Das Projekt kostete mehr als 200 Millionen Euro und wurde größtenteils durch Spenden aus ganz Deutschland und dem Ausland gedeckt – eine beispiellose Aktion, die einen identitätsstiftenden Bau wieder aufleben ließ. Keines der Sandstein-Elemente, die von dem alten Bau übrig blieben, gleicht dem anderen: mal sind es unscheinbare Einzelteile, mal ganze Architekturstücke. Die neue Frauenkirche besteht zu 45 Prozent aus originalen Bauteilen.

Das Altar-Relief wurde in mühevoller Arbeit aus geborgenen Fragmenten wieder zusammengesetzt. Bildhauer ergänzten fehlende Stellen. Das Alabaster-Relief zeigt unter anderem Moses, Aaron, Paulus, Philippus und den am Ölberg knieenden Jesus.

Das ganze Quartier wurde im alten Stil wieder aufgebaut. Mit Pflasterstraßen, die sich zu knapp fünf Meter schmalen Altstadtgassen verengen. Die Parzellen der Häuser sind zwar größer bemessen als früher und hinter den Kulissen kommt moderner Betonfertigteilbau zum

Zuge, aber bei Leitbauten wurde mit geborgenen Steinen, Fassaden und historischen Schmuckelementen gearbeitet. Auch das 2006 eröffnete Hotel de Saxe variiert ein historisches Grundmuster. An seine Seite schmiegt sich wie einst die rekonstruierte Salomonis-Apotheke, die ihrerseits von gut proportionierten Neubauten flankiert wird.

Weiter geht es vorbei am ❸ **Albertinum** ➡aC4 mit der Galerie Neue Meister und der Skulpturensammlung. Hinter der Frauenkirche erhebt sich dann der von Constantin Lipsius entworfene Baukomplex der **Hochschule für Bildende Künste** ➡ aC4 (1891–94) und des früheren Sächsischen Kunstvereins, dessen Kuppel im Volksmund liebevoll-spöttisch »Zitronenpresse« genannt wird. In der Akademie wurden berühmte Bildhauer, Maler und Baukünstler ausgebildet, deren Schaffen als Dresdner Schule in die Kunstgeschichte einging. Nach der Sanierung gehört die leuchtende Transparenz der kuriosen, von der geflügelten Göttin Fama gekrönten Kuppel wieder zur Silhouette des Elbufers. Und wieder streben Lehrende und Lernende in einem der großzügigsten Studienpaläste des Landes nach Idealen. Die Atelierdecken sind so hoch, dass ein Kran bedient werden muss, um eine Glühlampe auszuwechseln.

Bedeutende Maler und Bildhauer lernten und lehrten an der Dresdner Kunstakademie

Brühlsche Terrasse

Eine Treppe führt – vorbei am Denkmal Gottfried Sempers – hinauf zum **Brühlschen Garten** ➡ aC3/4 und der ❸ **Brühlschen Terrasse**, dem »Balkon Europas« (Goethe). Von hier öffnet sich der Blick auf das rechte Elbufer und das Brückenpanorama, stromabwärts schweift er in die weite Flussaue bis hin zu den Hängen der Lößnitz, stromaufwärts zum Heiderand. Graf Heinrich von Brühl, der Generaldirektor der Kunstsammlungen im 18. Jahrhundert, ließ um 1738 Terrasse und Wall in einen privaten Lustgarten verwandeln, der 1814 für die Öffentlichkeit freigegeben wurde.

Die im gleichen Jahr entstandene Freitreppe auf der westlichen Seite führt hinunter zum **Schloss- und Theaterplatz** ➡ aC3, dem Zentrum des »höfischen« Dresdens. Hier stehen jene Bauten, die Dresdens Ruhm als Elbflorenz begründeten: Zwinger, Schloss und Hofkirche sowie Semperoper und Gemäldegalerie. Das Beste ist der Blick auf das geschwungene Elbtal, dieses grandiose Panorama, das einzige, was von Dresdens historischer Schönheit unverfälscht erhalten geblieben ist. Dresden ist die einzige Großstadt Europas, deren Flussauen naturbelassen bis ans Zentrum heranreichen. Die Hügel des Elbtals verlängern den malerischen Grundriss der Landschaft ins Dreidimensionale. Sie markieren den Dreiklang von Geschichte, Kunst und Natur.

Die Wiedereröffnung der ❹ **Semperoper** ➡ aC3 fand am 13. Februar 1985 statt. Rekonstruktion und Restaurierung des Neorenaissancebaus gelten als muster-

Der Dreiklang von Geschichte, Kunst und Natur

ELBTAL

Dresden, Sachsen

Wer das alte Dresden finden will, muss auf dem Flussweg anreisen, denn die Elbauen sind naturbelassen bis ans Dresdner Zentrum heran. Plötzlich fährt das Schiff durch ein Weingebirge, vorbei an Hügeln mit Rebhängen, an Villen vom Typus Dresdner Kaffeemühlen, viergeschossig mit Mansarddach und ohne Hinterhöfe. Angelegt wird vor der Brühlschen Terrasse, die noch im 16. Jahrhundert zur Stadtbefestigung gehörte und die Goethe später »Balkon Europas« nannte.

Man geht von Bord und ist mitten in der Stadt. Man blickt zurück auf das Elbtal, ein grandioses Panorama, das einzige, was an Dresdens historischer Schönheit unversehrt blieb. Ein Dreiklang von Geschichte, Kunst und Natur. Ein Wermutstropfen: die Waldschlösschenbrücke. Die UNESCO hatte das Dresdner Elbtal 2004 mit Bezug auf die Gesamtheit der aufeinander bezogenen Kulturlandschaft in die UNESCO-Welterbeliste aufgenommen. Dann kam die neue Elbbrücke: Sie schwingt sich zweieinhalb Kilometer östlich des Zentrums über den Fluss und verändert die jahrhundertealte, als Elbflorenz bekannte Ansicht beträchtlich.

Nachdem die UNESCO das Dresdner Elbtal 2006 auf die Rote Liste des gefährdeten Welterbes gesetzt hatte, strich sie es deshalb 2009 von der Welterbeliste. Über die Hälfte der Dresdner sind freilich selbstbewusst genug, den Welterbetitel für entbehrlich zu halten – und schön ist das Elbtal ohne Zweifel trotz Brücke immer noch.

Viele Radtouristen schwärmen von der abwechslungsreichen Landschaft des sächsischen Abschnitts des Elberadwegs, der auch an Dresden und den zerklüfteten Felsformationen des Elbsandsteingebirges vorbeiführt.

INFO BRÜHLSCHE TERRASSE: Kasematten mit Festung Xperience, Terrassenufer, 01067 Dresden, Tel. (03 51) 438 37 03 57, www.festung-xperience.de, tägl. 10–18 Uhr, letzter Einlass 16.30 Uhr, Eintritt € 10, ermäßigt € 8, Kinder (6–16 J.) € 3. **INFO ELBERADWEG:** www.elberadweg.de.

Elbtal mit der Brücke »Blaues Wunder«.

gültig. Der Ursprungsbau stammt aus dem Jahr 1869, Gottfried Semper baute das Hoftheater 1878 um, im Februar 1945 war es total ausgebrannt. Das Gebäude mit der perfekt abgerundeten Front ist durch moderne Anbauten auf der Rückseite erweitert worden. Viele Künstler behaupten, die Akustik der Semperoper sei besser als die der Mailänder Scala.

Durch das Tor der **Sempergalerie** ➡ aC2/3, in der sich die Gemäldegalerie Alte Meister befindet, gelangt man zu einem der originellsten Meisterwerke des Barocks, dem ➎ **Zwinger** ➡ aC2/3. Der Bau der Anlage 1709–32 war für August den Starken Chefsache, der Architekt Matthäus Daniel Pöppelmann und der Bildhauer Balthasar Permoser waren ihm für jede Anweisung Rechenschaft schuldig. Der große Festplatz in der Mitte ist von Galerien und Pavillons gesäumt. Wer sich zum Ausruhen auf eine der Bänke niederlässt und Atmosphäre aufnimmt, empfindet noch etwas von der großen Barockzeit Dresdens.

Rechts geht es zum Wallpavillon, von dem aus eine Treppe zum »versteckten« Nymphenbad führt. Über die Bogengalerie gelangt man zum Mathematisch-Physi-

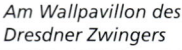

Am Wallpavillon des Dresdner Zwingers

Martialische Exponate in der Rüstkammer der Residenz

kalischen Salon. Das Kronentor in der Mitte der Lang-galerie war der frühere Haupteingang zum Zwinger. Zur Stadtseite hin präsentiert sich der Zwinger mit Bo-gengalerien und dem Glockenspielpavillon.

Seit April 1995 kann der Besucher wieder das be-rühmte, zweitgrößte **Glockenspiel** ➡ aC2/3 Deutsch-lands vernehmen. 16 der 40 Glocken aus edelstem Meis-sener Porzellan mussten neu gefertigt werden. Wer Interesse an weiteren »Porzellangeschichten« hat, für den ist der Besuch der **Porzellansammlung** ➡ aC2/3 im Zwinger ein Muss.

Durch das Tor im Glockenspielpavillon gelangt man auf die Sophienstraße. Das Dresdner ❻ **Residenzschloss** ➡ aC3 hinter dem rekonstruierten **Taschenbergpalais** ➡ aC3, einem Luxushotel, wurde im Bombeninferno fast dem Erdboden gleichgemacht, 1986 begann der Wiederaufbau. Der Dresdner Architekt Peter Kulka leitete ihn federführend, aus dem Wohnschloss der Kurfürsten machte er ein modernes Museum. Umge-wandelt zum zeitgemäßen Museumsparcours wurden Fürstengalerie, Ostflügel und Türckische Cammer. Den Kleinen Schlosshof, nun zentraler Eingangsbereich, überspannte Kulka mit einem futuristischen Mem-brandach. Die Grundformel seiner Sanierung lautete: So viel wie möglich an historischer Substanz erhalten, aber Ausstellungsräume schaffen, die heutigen Muse-umsbesuchern den Zugang erleichtern, um »Geschichte mit zeitgemäßen Mitteln fortzuschreiben«. Die letzten Arbeiten am Schloss wurden 2013 abgeschlossen.

Detail des Residenzschlosses

*Hausmannsturm in der
Altstadt Dresdens*

Seit 2009 dient der **Kleine Schlosshof** an der Schlossstraße als Hauptfoyer zu den Museen der Staatlichen
Kunstsammlungen. Der Hof wurde mit einer freitragen-
den Stabwerkskuppel überspannt. Die transparente,
zweifach gekrümmte Stabgitterschale wiegt 84 Tonnen
und besteht aus 265 pneumatischen Kissen in einem
witterungsbeständigen Kunststoff, die unter Extremebe-
dingungen in der Wüste von Arizona getestet wurden.
Die Kosten für die Kuppel, deren Rautenstruktur ein
wiederkehrendes Motiv der Renaissancearchitektur
aufnimmt, lagen bei 7,5 Millionen Euro.

Das **Grüne Gewölbe** ➡ aC3, die reichhaltigste Schatzkammer Europas, kehrte ebenfalls zurück an seinen
ursprünglichen Ort im Schloss. Mehr als 40 Jahre war
die legendäre Sammlung provisorisch im Albertinum
untergebracht. Der Besucher stellt erstaunt fest: Es gibt
fast nichts, was frühere Generationen, die es sich leisten konnten, nicht mit Edelsteinen verzieren ließen.
Allein im Kaffee- und Teegeschirr mit dazugehörigem
Schaupodest stecken 5600 Diamanten. Zeitgenössische
Bewunderer Augusts waren des Lobes voll: »Womit das
grüne Zimmer pranget, sieht sich das Auge völlig satt,
dass es nichts mehr zu sehen verlanget«.

Die Sammlung ist aufgeteilt in das **Neue** und das
Historische Grüne Gewölbe ➡ aC3. 2009/2010 sind
die **Türckische Cammer** ➡ aC3, mit der die Faszination
des Orients ins Schloss einzog, und die **Rüstkammer**
➡ aC3 hinzugekommen. Letztere enthält eine einzigartige Sammlung an europäischen und orientalischen
Waffen, Reitzeugen, höfischen Kostümen und Fürs-

tenbildnissen. Zudem Harnische für Mann und Ross, die früher Memorial- und Sammelobjekte der Fürsten waren und zur Ausstattung von Ritterspielen, höfischen Festen und zur Jagd benötigt wurden. Kurfürst August hat die Rüstungen der Renaissance mit Leidenschaft gesammelt, viele sind auch Geschenkgaben an den Dresdner Hof.

Auch der 100 Meter hohe **Hausmannsturm** ➡ aC3 ist seit 1991 wieder zugänglich. Von seiner Aussichtsplattform zeigt sich die ganze Pracht des mit Augenmaß angelegten Theaterplatzes. Im Großen Schlosshof, erst seit 2009 wieder zugänglich, ist das Stilpotpourri aus Renaissance, Barock und Rokoko zu bewundern, herausragend sind die wiederhergestellten Sgraffito an den Fassaden.

Zwischen dem Georgenbau des Schlosses und dem Johanneum befindet sich der **Lange Gang** ➡ aC3. An seiner Außenseite in der Augustusstraße prangt ein 102 Meter langes Wandbild: der **Fürstenzug** ➡ aC3. Das Bild zeigt sämtliche Herrscher des Hauses Wettin in einem Reiterzug, gefolgt von Vertretern aus Kunst und Wissenschaft zu Fuß. Von 93 Personen sind 35 Markgrafen, Herzöge, Kurfürsten und Könige.

Der Fürstenzug vereint alle Herrscher des Hauses Wettin

Der prominenteste unter ihnen, August der Starke, konvertierte 1697, drei Jahre nach seinem Regierungsantritt, zum katholischen Glauben, um König von Polen werden zu können. Unter seiner Herrschaft entwickelte sich Dresden zu einer herausragenden Kunst- und Kulturmetropole. Davon profitiert die Stadt bis heute.

Mit seinen kulturellen Attraktionen – allein 13 000 Kulturdenkmäler sind gelistet – macht der Wirtschaftsraum Dresden einen jährlichen Umsatz von etwa 350 Millionen Euro, andere Schätzungen reichen bis zu 500 Millionen Euro. Das Hotel- und Gastronomiegewerbe sowie die Dienstleistungsbranche haben den großen Vorteil, dass Dresden eine Stadt ist, in der schon der berühmte Maler Canaletto ansässig war, die zum Elbflorenz auserkoren wurde und die eine Fülle kultureller Institutionen besitzt, die weltweit bekannt und berühmt sind.

Um den katholischen Glauben im protestantischen Sachsen praktizieren zu können, wurde unter Friedrich August II., dem Sohn Augusts, eine neue Hofkirche gebaut. Die Kathedrale Ss. Trinitatis, die ❼ **Hofkirche** ➡ aC3, entstand 1738–55 und gilt als letzte Hochleistung des italienischen Barock in Europa. Der Prachtbau verschlang seinerzeit die unglaubliche Summe von einer Million Goldtaler und hat wegen seines Fassadenschmucks mit Heiligenfiguren Architekturgeschichte geschrieben.

Wir verlassen die Altstadt über die **Augustusbrücke** ➡ aB/aC3, die Wilhelm Kreis und Hermann Klette in ihrer heutigen Gestalt 1906–10 erbauten. Doch die Elbüberquerung ist eine der ältesten Brücken nördlich der Alpen, sie wurde mehrfach zerstört und wieder aufgebaut. Sie führt auf den **Neustädter Markt** ➡ aB3/4 mit dem markanten Standbild des **Goldenen Reiters** ➡ aB3/4, einer Darstellung Augusts des Starken, das im Juni 2003 nach seiner Restaurierung wieder aufgestellt wurde. Der legendäre Kurfürst schuf auf dem heutigen Gebiet der Inneren Neustadt nach dem Brand von 1685 eine barocke Stadtanlage, deren drei Hauptachsen – Haupt-, König- und Albertstraße – noch heute zu erkennen sind. Leider überstanden nur wenige historische Bauten die Bombennächte im Februar 1945. Sehenswert ist das **Kügelgenhaus** ➡ aB4 in der Hauptstraße 13, wo sich Anfang des 19. Jahrhunderts berühmte Persönlich-

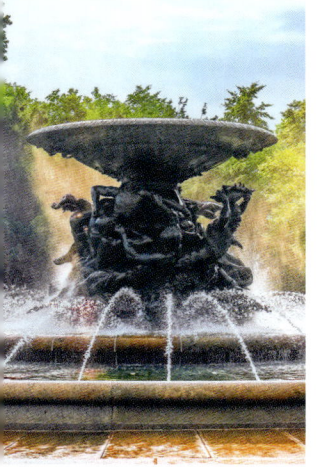

Brunnen »Stürmische Wogen« am Albertplatz, entworfen von Robert Diez

Neustädter Markt mit dem Reiterdenkmal des sächsischen Kurfürsten und polnischen Königs Friedrich August I.

keiten der Romantik trafen. Heute erinnert das Museum der Dresdner Romantik an diese Zeit.

Die Hauptstraße führt vorbei an der Dreikönigskirche, deren Mansardendach nach dem Wiederaufbau ziegelrot leuchtet, zum **Albertplatz** ➡ aA4 mit dem originalgetreu rekonstruierten Artesischen Brunnen. Hinter ihm lädt die **Äußere Neustadt** ➡ D6/7 zu einer Entdeckungstour ins Szeneviertel mit angesagten Kneipen ein. Alternativ bietet sich der Rückweg durch die Königstraße zum Japanischen Palais an. Dabei wird deutlich, dass Altendresden, wie die **Innere Neustadt** ➡ aA/aB3/4 einst hieß, Ende des 17. Jahrhunderts einheitlich im Barockstil angelegt worden war. Im Volksmund wird die Gegend wegen der vielen prunkvollen Häuser, die bereits zum größten Teil saniert sind, bis heute Goldstaubviertel genannt.

Die Rothenburger Straße im Dresdner Szeneviertel Äußere Neustadt

Wen es ins Grüne lockt, der sollte sich am Albertplatz in die Straßenbahn setzen (Linie 11 bis Rothenburger Straße, dann mit der Linie 13 bis Straßburger Platz) und zu einer grünen Oase mitten im Stadtgebiet fahren: dem **Großen Garten** ➡ H–K6–9, der ausgedehntesten barocken Gartenanlage einer europäischen Großstadt. Wo unter August dem Starken der Hof rauschende Feste feierte, steht im Kreuzungspunkt schnurgerader Alleen das barocke **Palais** ➡ J8.

Der säulengeschmückte Bau wendet jeder Himmelsrichtung eine Schaufassade zu. Er ist ein Musterbau, mit dem einst der Aufbruch in eine neue Kulturepoche begann. Das Äußere und einige Räume im Erdgeschoss sind bereits wieder hergestellt. Hier zeigt eine Dauerausstellung die Barockplastik Sachsens. Zudem finden vielfältige Konzerte, Theateraufführungen und Ausstellungen statt.

Wo es bereits im 19. Jahrhundert Ausstellungspavillons gab, steht hier – auf dem Messegelände am Großen Garten – die **Gläserne Manufaktur** ➡ G/H7, eine Autofabrik mitten in der Stadt. Das Gebäude hat keine Ähnlichkeit mit einer gewöhnlichen Fabrik. Glas und Stahl sind die dominierenden Baumaterialien. Auf einer Fläche von 150 mal 150 Metern erhebt sich ein 22 Meter hohes Fertigungsgebäude, das bis knapp über die Baumsilhouette des Großen Gartens reicht. Dort wird den Besuchern die Zukunft der Mobilität vorgeführt: Seit Frühjahr 2017 entstehen Elektrofahrzeuge, wo früher der Volkswagen Phaeton produziert wurde. ■

Brühlscher Garten

Wo Engel im Sand spielten – die Sächsische Schweiz

Heinrich von Kleist fasste 1801 seine Eindrücke in poetische Worte: »Ich sehe die Elbhöhen (…) und die Felsen im Hintergrund, die wie ein bewegtes Meer von Erde aussehen und in den schönsten Linien geformt sind, als hätten da die Engel im Sande gespielt.« Aber nicht nur der Schriftsteller Kleist ergötzte sich an dem Sandstein-Felsengebirge. Andere Künstler wie die Maler Adrian Ludwig Richter und Caspar David Friedrich fanden hier die Motive für ihre Gemälde.

Die **Sächsische Schweiz** ➡ bD–bE 6–9 erstreckt sich von Pirna an auf beiden Seiten der Elbe bis zur tschechischen Grenze. Die von tiefen Tälern ausgefurchte Landschaft gehört zu den reizvollsten Gebieten Deutschlands. Das **Elbsandsteingebirge** entstand in der Kreidezeit, etwa 140 Millionen Jahre v. Chr., als ein Meer große Teile Mitteleuropas bedeckte.

Die etwas hochtrabende Bezeichnung »Sächsische Schweiz« geht nicht auf den Eigendünkel der Sachsen zurück, sondern verdankt sich einem aus Heimatsehnsucht geborenen Vergleich. Die Schweizer Künstler Adrian Zingg und Anton Graff kamen um 1780 als

Die frei stehende Felsformation Falkenstein bei Bad Schandau

DIE BASTEI

Elbsandsteingebirge, Sachsen

G ewaltige Gesteinsgruppen, Tafelberge, Einsturzhöhlen, Kamine, Spalten, schroffe Wände, Schluchten und romantische Täler zeichnen das Elbsandsteingebirge, diese faszinierende Bergregion im Grenzgebiet zur

Die Basteibrücke im Elbsandsteingebirge.

Tschechischen Republik, aus. Die Bastei ist die berühmteste, am weitesten die Elbe überragende Felsformation der Sächsischen Schweiz. Von der Aussichtsplattform, 200 Meter über dem Elbwasserspiegel, bietet sich ein einmaliges Panorama mit Blick auf den Lilienstein, den Königstein und den Pfaffenstein bis in die Böhmische Schweiz und das Erzgebirge. Durch die Bastei führt eine 76,50 Meter lange Brücke. Sie wurde 1851 erbaut und überspannt mit sieben Bögen eine 40 Meter tiefe Schlucht. Die Basteibrücke stellt die Verbindung zwischen der Bastei und den Ruinen der mittelalterlichen Felsenburg Neurathen her.

Unterhalb von Bastei und Felsenburg befindet sich die Felsenbühne Rathen, eine Naturbühne aus dem Jahr 1936. Von Mai bis September finden hier Vorstellungen der Landesbühnen Sachsen statt. Allerdings wird die Bühne bis 2022 restauriert und deshalb nicht bespielt.

Der Besuch der Bastei lässt sich ideal mit einem Tagesausflug durch die Sächsische Schweiz verbinden. Die Wander- und Radwege des Elbsandsteingebirges sind hervorragend ausgeschildert. Eine empfehlenswerte Wanderung führt von Wehlen über die Bastei nach Rathen. Der Malerweg dagegen, mehrmals als »schönster Wanderweg Deutschlands« ausgezeichnet, ist über 112 Kilometer lang und inspirierte schon Caspar David Friedrich, Carl Gustav Carus und Ludwig Richter. Den berühmten Landschaftsmaler Friedrich animierte die Bastei zu seinem Bild »Felsenpartie im Elbsandsteingebirge«, das heute im Kunsthistorischen Museum Wien zu sehen ist.

INFO: Die Bastei liegt ca. 33 km südöstlich von Dresden. Der Parkplatz befindet sich in Lohmen. **INFO BASTEI:** www.saechsische-schweiz. de, www.landesbuehnen-sachsen.de, Parkplatzgebühren € 3, Eintritt frei, Felsenburg tägl. 9–18 Uhr, Eintritt € 2 ermäßigt € 1.

Sächsische Schweiz im Elbsandsteingebirge: Blick von der Bastei auf die Elbe

Lehrer an die Dresdner Kunstakademie und bereisten begeistert das südlich der Stadt gelegene Gebirge. In den zerrissenen Felsformationen fanden sie ihre Heimat wieder und tauften die bizarre Felsanhäufung »Sächsische Schweiz«.

Das 368 Quadratkilometer große Elbsandsteingebirge liegt nur eine knappe Autostunde von Dresden entfernt und eignet sich bestens für einen Familienausflug. Die Spuren alter Kuranlagen und reicher Landhäuser an den Uferhängen der Elbe zeugen davon, dass die Region schon früher ein Wochenend-Eldorado für die Bewohner der Residenzstadt war. Bereits in den 1930er Jahren wagten sich kühne Kletterer an die senkrechten Felswände. Die Extremkletterei, das Free-Climbing, nahm hier ihren Anfang.

Wenig erfolgversprechend ist es, heute nach einem Service Ausschau zu halten, den Adlige und wohlhabende Bürger früher in Anspruch nahmen: Sie ließen sich durch die Bergwelt in Sänften tragen, wobei ihnen der »Schweizführer« die Gesteinsformationen mit ihren emporragenden Felstürmen, die wuchtigen Tafelberge und die tief eingeschnittenen Täler erläuterte.

Bei der Planung der Reiseroute durch die Sächsische Schweiz kann man sich aber bis heute an die von Karl Baedeker empfohlenen Etappen halten. 1861 schrieb

Der Kuhstall auf dem Neuen Wildenstein ist nach dem Prebischtor das zweitgrößte Felsentor der Sächsischen Schweiz (links). In der Kreidezeit entstanden und bei Extrem-Kletterern beliebt: das Elbsandsteingebirge (rechts)

FESTUNG KÖNIGSTEIN

Elbsandsteingebirge, Sachsen

Im Mittelalter war sie unbezwingbar, die Festung Königstein. Kein Feind überwand jemals ihre trutzigen 40 Meter hohen Mauern auf einer Bergkuppe. Heute erstürmen jedes Jahr Zigtausend Besucher die Wehranlage mit ihrer grandiosen Aussicht auf die Felsenlandschaft der Sächsischen Schweiz – bequem mit dem Aufzug. »Auf dem Stein des Königs« unterschrieb der böhmische König Wenzel I. im Jahr 1241 die Oberlausitzer Grenzurkunde. Nach einer kurzen Episode als Kloster begann 1763 der Ausbau zur Landesfestung der Wettiner. Der 240 Meter hohe Königstein bot den sächsischen Herrschern samt ihrem Staatsschatz in kriegerischen Zeiten einen sicheren Schutz.

Lange Zeit war die Festung auch ein berüchtigtes Gefängnis, dem der Volksmund im 19. Jahrhundert die Bezeichnung Sächsische Bastille verliehen hatte. Im Arrestverzeichnis sind zwischen 1591 und 1922 die Namen von fast 1000 Staatsgefangenen aufgelistet. Berühmte Insassen waren Friedrich Böttger, Erfinder des europäischen Porzellans, und der Sozialpolitiker August Bebel. Als Gäste kamen Zar Peter I., Friedrich Wilhelm I. und Napoleon auf die Wehranlage. 1955 wurde die Festung militärisches Freilichtmuseum.

Für die Erkundung des 9,5 Hektar großen Areals braucht man zwei Stunden. Außerdem führt ein zwei Kilometer langer Spazierweg rund um die Festungsmauern. Verschiedene Gaststätten bieten deftige Kost an. Zum Jahresende findet an den Adventswochenenden ein stimmungsvoller Weihnachtsmarkt statt.

Die Ausstellungen innerhalb der Festung präsentieren »800 Jahre Leben auf der Festung Königstein«. Die Wohnung des Kommandanten kann genauso besichtigt werden wie die unterirdischen Gefängniszellen. Zu den wichtigsten Sehenswürdigkeiten gehören zudem eine hölzerne Zugbrücke und ein 152 Meter tiefer Brunnen. Freiberger und Marienberger Bergleute haben ihn 1563 in den Fels gegraben, um die Wasserversorgung sicherzustellen. Heute fördert eine Hebeanlage aus dem Jahr 1912 im Rahmen von Vorführungen Wasser aus dem Brunnen.

INFO: Königstein liegt ca. 40 km südöstlich von Dresden. **INFO FESTUNG KÖNIGSTEIN:** 01824 Königstein, Tel. (03 50 21) 646 07, www.festung-koenigstein.de, Öffnungszeiten tägl. April–Okt. 9–18, Nov.–März 9–17 Uhr, Eintritt € 12, ermäßigt € 9, Nov.–März € 10, ermäßigt € 7. Großes Parkhaus 800 m vor der Festung.

Fantastischer Ausblick auf das Elbtal: Festung Königstein.

PFAFFENSTEIN

Elbsandsteingebirge, Sachsen

Der Pfaffenstein, ein für die Region typischer Tafelberg, gehört zu den beliebtesten Ausflugszielen in der Sächsischen Schweiz. Er liegt links der Elbe bei Königstein und ist rund 435 Meter hoch. Der Berg hat eine aufgesprungene, spröde Struktur und ist von zahlreichen Höhlen durchzogen. Auf dem Pfaffenstein konnten Spuren stein- und bronzezeitlicher Besiedlung nachgewiesen werden.

Wegen seiner schwierigen Zugänglichkeit diente er den Bauern des Umlands häufig als Zufluchtsort in Krisen- und Kriegszeiten. Präzise Überlieferungen sind aus der Zeit des sächsisch-schwedischen Kriegs von 1706 und der Befreiungskriege 1812/13 bekannt. Die große Höhle des Berges, der Kleine Kuhstall, diente dabei als Unterkunft. 1878/79 legte C. G. Jäckel als Erster einen Weg auf den Gipfel an.

Der Aufstieg auf den Berg ist heute noch mit körperlicher Anstrengung verbunden. Vom Parkplatz am Pfaffenstein führt ein gerader Weg bis zum Fuß des Felsens. Über den Nadelöhr genannten steilen und engen Pfad gelangt man bis zum Gipfel. Alternativ gibt es einen längeren, bequemen Aufstieg, der rechts abzweigt.

Als Lohn für die Mühe erwartet alle Besucher ein wunderschönes Bergplateau, von dem aus man an mehreren Stellen einen fantastischen Panoramablick genießt, etwa vom Aussichtsturm der innovativen Berggaststätte mit breit gefächertem Angebot.

Der kleine Abstecher zur berühmten Barbarine, der 43 Meter hohen Felsnadel, ist obligatorisch. Der Sage nach stellt die einzigartige Felsenform eine verzauberte Jungfrau dar, die, statt zur Kirche zu gehen, auf dem Pfaffenstein Beeren sammelte. Voller Zorn ob dieser Unartigkeit wurde sie von der eigenen Mutter verwünscht: Sie solle auf der Stelle zu Stein werden, als Warnung für ungehorsame

Die Barbarine (links) – der bekannte frei stehende Felsen des Elbsandsteingebirges.

Kinder. Der Weg zur Barbarine ist vom Gasthof aus gut ausgeschildert: Nach einigen Treppen und einer Felsspalte hat man die Steinerne Jungfrau im Blick.

Seit Beginn des 20. Jahrhunderts ist das Pfaffensteinmassiv ein Eldorado für Klettersportler. Mit 32 Kletterfelsen zählt es zu den bedeutendsten Kletterstandorten des Elbsandsteingebirges. Die Barbarine kann allerdings wegen starker Erosionsschäden nicht mehr bestiegen werden.

INFO: Pfaffendorf liegt ca. 2 km von Königstein, ca. 40 km von Dresden entfernt. **INFO PFAFFENSTEIN:** Parkplatz in Pfaffendorf, www. pfaffenstein.com; Berggaststätte Pfaffenstein Tel. (03 50 21) 594 10, Öffnungszeiten April–Okt. Mi–So 11–17 Uhr, Winter vgl. Website, Preise auf Anfrage.

der Verleger und Reisebuchautor: »Zwei Tage sind mindestens erforderlich, um die Sächsische Schweiz kennenzulernen. Am ersten Tage von Dresden mit der Eisenbahn über Pirna nach Wehlen, übersetzen auf die andere Elbseite, dann zu Fuß durch den Wehlener und Schergengrund nach der Bastei, durch den Amselgrund nach Hohnstein, über den Brand nach Schandau. Am zweiten Tag zu Wagen nach der Haidmühle, zu Fuß nach dem Kuhstall, Großer Winterberg, Prebischtor (heute Tschechien), mit Dampfboot nach Königstein, die Festung besteigen, dann auf der Eisenbahn nach Dresden zurück.«

Eine kürzere Alternative zur Wanderung ist die Fahrt auf einem der Dampfer von Dresden nach Bad Schandau und zurück, um zumindest einen Eindruck von der überwältigenden Felslandschaft zu bekommen.

Anreise: Autofahrer nehmen die B 172 in Richtung Pirna. Vom Hauptbahnhof fahren tagsüber halbstündlich Züge in Richtung Sächsische Schweiz, den Wasserweg bedient die Sächsische Dampfschiffahrts GmbH (℡ 03 51-866 09-0, www.saechsische-dampfschiffahrt. de). Der Tourismusverband Sächsische Schweiz in Pirna (℡ 035 01-47 01 47, www.saechsische-schweiz.de/elb sandsteingebirge.html) bietet ebenfalls Informationen über Ausflüge an.

Kanufahren vor der Lokomotive, einer beliebten Kletterformation bei Rathen

UNTERWEGS IM KIRNITZSCHTAL

Elbsandsteingebirge, Sachsen

F ür den Besuch der hinteren Sächsischen Schweiz und seiner Hotelanlagen ließ Rudolf Sendig 1904 den Personenaufzug von Bad Schandau auf die Ostrauer Scheibe errichten. Das kleine Kurstädtchen mit schöner Elbpromenade war um eine Attraktion reicher und profitiert davon bis heute. Der Aufzug für zwölf Personen verkehrt in einer genieteten Stahlkonstruktion mit Jugendstilornamenten und überwindet einen Höhenunterschied von 50 Metern. Oben angekommen, führt eine Brücke zur Spitze der Felswand. Auf der dortigen Aussichtsplattform bietet sich dem Besucher ein reizvoller Blick über das Elbtal, in Richtung Großer Winterberg und Lilienstein, eines der Wahrzeichen des Nationalparks Sächsische Schweiz.

Die Kirnitzschtalbahn auf ihrer Strecke vom Lichtenhainer Wasserfall in den Stadtpark von Bad Schandau.

Von dort gelangt man über den Lutherweg, vorbei an einem Luchsgehege, zum Kurpark von Bad Schandau, von wo die Kirnitzschtalbahn seit 1898 durch das Kirnitzschtal zum Lichtenhainer Wasserfall abfährt. Sie setzt bis heute ausschließlich zweiachsige Fahrzeuge historischer Bauart ein. Die acht Kilometer lange Wegstrecke der Tram führt durch eine bizarre Welt aus Sandsteinfelsen. Von allen Stationen gelangt man auf bestens ausgeschilderten Wanderwegen zu fabelhaften Aussichten, wie den zerklüfteten Schrammsteinen, den Affensteinen oder dem Kuhstall, einem bizarren Felsentor.

Der Weg vom Lichtenhainer Wasserfall zum Kuhstall führt über einen ansteigenden Waldweg. Über Stufen zwischen zwei Felsen, die sogenannte Himmelsleiter, gelangt man schließlich auf das Plateau des Neuen Wildenstein. Von dort belohnt eine wunderbare Aussicht auf die Hintere Sächsische Schweiz den Aufstieg. Auch die Hinterhermsdorfer Schleusen sind als Wanderziel beliebt. Hier laden besonders viele Gaststätten zum Verweilen ein.

Auf demselben Weg geht es wieder zurück nach Bad Schandau. Übrigens: Auf der eingleisigen Streckenführung der Kirnitzschtalbahn gibt es keine Signalanlagen, sondern Signalstäbe. Jeder der drei Streckenabschnitte besitzt einen Signalstab, und es darf immer nur derjenige fahren, der gerade den zum Teilabschnitt gehörigen Signalstab besitzt.

INFO: Bad Schandau liegt 47 km südöstlich von Dresden. **INFO PERSONENAUFZUG:** An der B 172 im Zentrum von Bad Schandau, Mai–Sept. 9–20, Nov.–März 9/10–17, April, Okt. 9–18 Uhr, Einzelfahrt € 1,80. **INFO KIRNITZSCHTALBAHN:** Abfahrt Kurpark Bad Schandau, www.ovps.de, Einzelfahrt € 6, ermäßigt € 3.

Blick auf Schloss Moritzburg in Moritzburg

Schloss Moritzburg

Kurfürst Moritz ließ 14 Kilometer nordwestlich von Dresden 1542–46 ein **Jagdschloss** ➡ bA3 errichten. Die spätbarocke Umgestaltung erfolgte 1723–33 unter August dem Starken durch seine Hofarchitekten Pöppelmann und Knöffel. Einbezogen wurde schon damals eine »Tiefgarage«: Die Kutschen wurden mitsamt den Pferden im Sockel des Baus abgestellt, solange sich die Herrschaften in den prachtvollen Sälen und Gemächern vergnügten. Heute ist das Wasserschloss in dem etwa 40 Hektar großen Park mit Wildgehege und Teichen eines der attraktivsten Ausflugsziele in der näheren Umgebung Dresdens. Eindrucksvoll sind u.a. die Festsäle, das »Federzimmer« und das Porzellanquartier.

Seit mehr als zehn Jahren findet in der ersten Augusthälfte jeden Jahres das **Moritzburg Festival** (www.moritzburgfestival.de), eines der führenden europäischen Kammermusikfestivals, statt.

Das **Fasanenschlösschen** ➡ bA3 im Park ist ein architekturhistorisches Kleinod – es holt die stilistische Formensprache Chinas nach Sachsen. Lohnenswert ist auch der Besuch der dem Schloss gegenüberliegenden

Jagdschloss mit Tiefgarage

SCHLOSS MORITZBURG

Moritzburg, Sachsen

K urfürst Moritz von Sachsen ließ sich zwischen 1542 und 1546 nahe Dresden ein Jagdschloss errichten. Unter August dem Starken gestalteten es die Hofarchitekten Pöppelmann und Knöffel ab 1723 zu einem prachtvollen Barockschloss inmitten einer weitläufigen Teich- und Parkanlage um. Kutschen und Pferde wurden während der rauschenden Feste in der »Tiefgarage« im Sockel des Baus abgestellt.

Heute können Besucher der Dauerausstellung eintauchen in die prachtvolle Kulisse königlicher Lustbarkeiten, wobei das Federzimmer mit den dem Namen entsprechenden Wandverzierungen ein Highlight ist. Zudem beherbergt das Schloss einen enormen Bestand an barocken Ledertapeten, eine Jagdtrophäensammlung und seit 2016 auch Teile des einst verschollenen Wettiner Schatzes. Sonderausstellungen und Veranstaltungen sorgen für Abwechslung im Wasserschloss. Höhepunkt des Jahres ist das Moritzburg Festival für Kammermusik im August.

Der Besuch des im Spätrokoko-Stil gehaltenen Fasanenschlösschens Moritzburg ist eine eher intime Angelegenheit, da hier schon aus Platzgründen nur eine begrenzte Anzahl von Besuchern eingelassen wird. Zutritt erhalten auf jeden Fall jene Paare, die sich hier standesamtlich trauen lassen.

Viele Besucher kommen, um im Schlosspark mit Wildgehege und Teichen zu spazieren und anschließend im Bärenhäus'l einzukehren. Schloss Moritzburg war übrigens der Drehort des deutsch-tschechischen Filmklassikers »Drei Haselnüsse für Aschenbrödel«.

INFO: Moritzburg liegt ca. 14 km nordwestlich von Dresden. **INFO SCHLOSS MORITZBURG:** 01468 Moritzburg, Tel. (03 52 07) 873 18, www.schloss-moritzburg.de, Öffnungszeiten April–Okt. tägl. 10–18, Nov.–März Di–So 10–17 Uhr, Eintritt € 10, ermäßigt € 8, Kinder (6–16 J.) € 3. **INFO MORITZBURG FESTIVAL:** Tel. (03 51) 16 09 26 15, www.moritzburgfestival.de. **INFO GASTSTÄTTE BÄRENHÄUS'L:** Markt 24, Moritzburg, Tel. (03 52 07) 897 00, www.baerenhaeusl.de, Öffnungszeiten tägl. 11–22 Uhr.

Jagdschloss Moritzburg bei Dresden.

Gaststätte Bärenhäus'l ➜ bA3 (Markt 24, ☎ 03 52 07-897 00, www.baerenhaeusl.de, tägl. 11–22 Uhr) in einem über 350 Jahre alten Gebäude. Es diente zwar nie als Bären-Heimstatt, aber Ziegen, Gänse und andere Tiere waren hier zu Hause. Das Fachwerkhaus ist ein Schmuckstück.

Info Schloss Moritzburg: 01468 Moritzburg, ☎ (03 52 07) 873 18, www.schloss-moritzburg.de, April–Okt. tägl. 10–18, Nov.–März Di–So 10–17 Uhr, Eintritt € 10/3.

Anreise: Mit dem Auto von Dresden A4 Abfahrt Dresden/Wilder Mann. Mit dem Bus 326 ab Neustädter Bahnhof (ca. 40 Min.) oder mit der S-Bahn ab Hauptbahnhof (halbstündl.) bis Radebeul-Ost, von dort mit der historischen Eisenbahn (dem »Lößnitzdackel«) bis Moritzburg (☎ 035 207-892 90, www.loessnitzgrundbahn.de).

Fasanenschlösschen Moritzburg

Schloss Pillnitz

Schloss Pillnitz – am stilvollsten reist man von Dresden aus per Raddampfer an

Im Mittelpunkt der einstigen Sommerresidenz des sächsischen Hofes südöstlich vom Zentrum Dresdens befinden sich das **Wasserpalais** ➡ bC5, das spiegelbildlich zugehörige **Bergpalais** (beide sind Heimstatt des **Kunstgewerbemuseums**) sowie das **Neue Palais**. Sie umschließen den **Lustgarten** (19. Jh.), an den sich das labyrinthische **Heckenquartier** anschließt. Im sogenannten **Englischen Garten** befindet sich eine mehr als 200 Jahre alte Kamelie, für die ein eigenes, beheizbares Glashaus gebaut wurde. Sie ist die größte und älteste nördlich der Alpen.

Der Ort **Pillnitz** ➡ bC5 ist auch attraktiv wegen seiner Weinberg-Idyllen, durch die Wanderwege führen. Von dort hat man eine gute Aussicht auf Dresden und bis zum Erzgebirge. In den Tourist Informationen gibt es die Broschüre »Unterwegs im Elbtal« mit Weinbergwegrouten.

Info 🖐 **Schloss Pillnitz:** August-Böckstiegel-Str. 2, Pillnitz, ℂ (03 51) 261 32 60, www.schlosspillnitz.de
Alte Wache/Besucherinfo: Tägl. April–Okt. 9–18, Nov.–März 10–16 Uhr

SCHLOSS PILLNITZ

Dresden, Sachsen

Sie wird nur mit Samthandschuhen angefasst: die japanische Kamelie im Park von Schloss Pillnitz. Ein gläsernes, beheizbares Haus auf Rollen schützt die fast neun Meter hohe Pflanze mit einem Durchmesser von elf Metern vor der Kälte im Winter. Von Februar bis April verzaubert sie den Betrachter mit bis zu 35 000 Blüten – alle karminrot, aber ohne Duft.

Als die Kamelie 1801 von einem Gärtnergehilfen an der Stelle gepflanzt wurde, an der sie noch heute steht, zeigte sich der 1780 als englischer Landschaftsgarten angelegte Lustgarten schon von seiner schönsten Seite; verschiedene andere Gärten, Teiche und Pavillons kamen hinzu – z. B. der Chinesische Garten mit seinen zahlreichen tropischen Pflanzen, die noch heute zu bewundern sind.

Unmittelbar an der Elbe: Schloss Pillnitz.

Die Kamelie – angeblich hat ein schwedischer Botaniker sie im Jahr 1779 von einer Japanreise mit nach Europa gebracht – erhielt von Anfang an ein Schutzhäuschen, das damals zu den Jahreszeiten kompliziert auf- und wieder abgebaut werden musste. Einmal, im Jahr 1905, geriet die Holzkonstruktion in Brand. Weil das Löschwasser bei minus 20 Grad Celsius zu einem Eisberg gefror, überlebte die Pflanze. Noch im gleichen Jahr trieb sie wieder aus.

Schloss und Garten liegen direkt an der Elbe, romantisch eingebettet zwischen Weinbergen. August der Starke überließ 1706 das Anwesen seiner Mätresse, der Gräfin Cosel – und nahm es ihr nach dem Ende der Liaison wieder ab. Er beauftragte 1720 Zwinger-Baumeister Matthias Daniel Pöppelmann mit den Entwürfen für sein herrschaftliches Lustschloss.

Berg- und Wasserpalais wurden nach chinesischem Vorbild spiegelbildlich angelegt. In den folgenden hundert Jahren kamen Flügelbauten und das Neue Palais, das heute das Schlossmuseum Pillnitz beherbergt, hinzu. Zu Beginn der Regierungszeit von Kurfürst Friedrich August III. 1768 wurde aus dem Lustschloss eine Sommerresidenz der sächsischen Monarchen. Das Vergnügen kam weiterhin nicht zu kurz: Regelmäßig fuhr der Hofstaat auf prachtvollen Gondeln die Elbe hinauf bis nach Pillnitz.

INFO: Schloss Pillnitz liegt ca. 15 km südöstlich der Dresdner Innenstadt. **INFO SCHLOSS PILLNITZ:** August-Böckstiegel-Str. 2, 01326 Dresden, Tel. (03 51) 261 32 60, www.schloss pillnitz.de, Öffnungszeiten Schlossmuseum April–Okt. Di–So 10–18 Uhr, Nov.–März Sa/So Rundgänge mit Führung, Park tägl. ab 6 Uhr, Palmenhaus tägl. April–Okt. 9–18, Nov.–März 10–16 Uhr, Kamelienhaus Mitte Feb.–Mitte April tägl. 10–17 Uhr, Eintritt Museum € 8, ermäßigt € 6, bis 16 J. frei, Park April–Okt. 9–18 Uhr € 3, ermäßigt € 2,50, sonst frei.

Park: tägl. 6 Uhr bis zur Dunkelheit
Neues Palais mit Schlossmuseum sowie Wasserpalais und
Bergpalais mit Kunstgewerbemuseum: Mai–Okt. tägl.
außer Mo 10–18 Uhr, sonst nur geführte Rundgänge
durch das Schlossmuseum Sa/So 11–14 Uhr stündlich
Palmenhaus: Tägl. April–Okt. 9–18, Nov.–März 10–16 Uhr
Kamelienhaus: zur Blütezeit Mitte Feb.–Mitte April
tägl. 10–17 Uhr
Tagesticket Park April–Okt. € 3/2,50, Kombiticket
Museen, Schlosspark und Palmenhaus Mai–Okt. € 8/6,
bis 16 J. frei

Anreise: Vom Postplatz mit der Straßenbahnlinie 2
bis Karcherallee, weiter mit Bus 63 bis Pillnitz (ca. 45–
50 Min.). Mit der Straßenbahnlinie 2 Richtung Kleinz-
schachwitz bis zur Endhaltestelle und dann mit der
Fähre übersetzen. Am stilvollsten ist die Anreise mit
der »Schlösserfahrt« der Dampfschifffahrtsgesellschaft
(Anfang Mai–Anfang Okt. tägl. 10, 12, 14 und 16 Uhr
vom Dresdner Terrassenufer, www.saechsischedampf
schiffahrt.de), ansonsten verkehren Linienschiffe ab
Terrassenufer elbaufwärts mit Halt in Pillnitz (Anfang
Mai–Anfang Okt. tägl. 9 und 10.30, Mai–Okt. auch
8 Uhr).

*Das Bergpalais von Schloss
Pillnitz*

Weingut Schloss Wackerbarth in Radebeul

Elberadweg

Die wohl schönste Route des insgesamt fast 1000 Kilometer langen, Ende der 1990er Jahre fertiggestellten Elbe-Radwanderwegs verläuft auf 190 Kilometern durch Sachsen. Am besten ist es, gegen den Strom zu fahren, also in Richtung Süden, weil dann die Landschaft immer spektakulärer wird. Wer z. B. in **Torgau** die Radtour beginnt, gelangt meist unmittelbar am Fluss entlang durch Streuobstwiesen und lang gedehnte Auenlandschaften bis nach Meißen und ins romantische Dorf **Altkötzschenbroda** ➡ bB3, das heute zu Radebeul gehört und noch seinen historischen Marktanger besitzt. Ab hier gibt es ständig Gartenlokale, die zum Verweilen einladen. Hölzerne Hinweistafeln bieten naturkundliche und kulturhistorische Infos.

In Dresden ist der Radweg am stärksten frequentiert, aber bald darauf hat man **Pirna** ➡ bD5 erreicht und damit die **Sächsische Schweiz** ➡ bD–bE 6–9. Die Route ist recht gut ausgebaut, es gibt am Wegesrand Pensionen; sichere Unterstellmöglichkeiten für Fahrräder, Reparatur-Sets und Basisersatzteile werden bereitgehalten. Gutes Kartenmaterial bringt man am besten mit.

Tipps und Faltblätter gibt es beim Tourismusverband Sächsisches Elbland, Fabrikstr. 16, 01662 Meißen, ✆ (035 21) 763 50, www.elbland.de.

Sächsische Weinstraße

In Sachsen befindet sich das kleinste aller deutschen Weinanbaugebiete, es existieren nur 350 Hektar Rebfläche. Die **Weinstraße** führt auf 55 Kilometern von Pirna über Dresden und Meißen bis Diesbar-Seußlitz durch eine jahrhundertealte Kulturlandschaft. Man kann sie erwandern, mit dem Fahrrad fahren oder sich zwischen Anfang April und Anfang November auf dem Wasserweg dorthin begeben.

Die **Schiffsreise** beginnt in dieser Zeit allmorgendlich an der Brühlschen Terrasse, geht am wunderschön unterhalb von Weinbergen gelegenen Radebeul und dem der Loreley ähnlichen Spaargebirge vorbei nach Meißen. Von dort weiter entlang malerischer Weinterrassen und idyllischer Weindörfer bis zum Barockschloss von Diesbar-Seußlitz. Nachmittags fährt das Schiff wieder nach Dresden zurück. Die Sächsische Dampfschiffahrts GmbH besitzt übrigens die größte und älteste Raddampferflotte der Welt.

Information und Buchung bei der Sächsischen Dampfschiffahrts GmbH unter ✆ (03 51) 866 09-0, www.saechsische-dampfschiffahrt.de, Abfahrt: Terrassenufer.

Angeboten werden u.a. auch »Romantische Weinwochenenden« mit zwei Übernachtungen in Mittelklassehotels entlang der Weinstraße. Im Preis ist außerdem eine Weinverkostung enthalten. Information und Buchung: Tourismusverband Sächsisches Elbland, vgl. S. 46.

Mit Dixieland-Band und nostalgischem Raddampfer zum Schloss Pillnitz

Albrechtsburg Meissen

Eigentlich ist die Burg ein **Schloss** ➡ bA1: Die in Sachsen gemeinsam regierenden Brüder Ernst und Albrecht von Wettin ließen ab 1471 eine neue Residenz errichten – diese sollte ein Zeichen ihrer Macht werden und zugleich Platz für zwei Hofhaltungen bieten. Der Landeswerkmeister Arnold von Westfalen schuf das erste Schloss der deutschen Baugeschichte, das letztlich jedoch unbewohnt blieb. Leben zog erst ein, als August der Starke 1710 hier die erste europäische Porzellanmanufaktur einrichtete. 153 Jahre lang sollte in diesen Räumen das weiße Gold produziert werden.

Heute überzeugt in der Albrechtsburg eine moderne Ausstellung mit virtuellen Inszenierungen und interaktiven Medienstationen rund um die Geschichte und Architektur des Schlosses. Beeindruckend sind die ab 1873 entstanden Wandgemälde, die eine Art historisches Wand-Bilderbuch darstellen.

Info Albrechtsburg Meissen: Domplatz 1, 01662 Meißen, ✆ (035 21) 47 07-0, www.albrechtsburg-meissen.de, tägl. März–Okt. 10–18, Nov.–Feb. 10–17 Uhr, Eintritt € 10/8, Kinder (6–16 J.) € 3

Anreise: Mit dem Auto von Dresden über die B6. Mit der S 1 ab Dresden bis Bahnhof Meißen und dann weiter mit dem Bus, Linie 416 oder Linie B. Schön ist die Anreise mit dem Fahrrad – der Elberadweg führt unterhalb des Burgbergs vorbei.

Die Albrechtsburg Meissen, Deutschlands ältestes Schloss, thront majestätisch über dem Elbtal

Neu in Deutschland: Interaktiv mit 3D und Augmented Reality auf Entdeckertour durch die Albrechtsburg Meissen

Diese Burg ist ein Schloss

ALBRECHTSBURG MEISSEN

Meißen, Sachsen

August der Starke trug seinen Namen zu Recht, er soll Hufeisen verbogen haben und als Getränk war ihm Löwenmilch gerade recht. Der Sitz der sächsischen Kurfürsten ist denn auch ein Bauwerk, dem es weder an

Johann Friedrich Böttger zeigt August dem Starken die Arkana, Wandgemälde von Paul Kießling.

Eleganz noch an sichtbarer Stärke mangelt. Das im Stil der Spätgotik 1471 erbaute Schloss liegt hoch über Meißen auf einer Felsebene und prägt das Stadtbild. Die Albrechtsburg ist das erste Schloss, das auf deutschem Boden erbaut wurde. Im Gegensatz zu seiner Architektur stammt die Ausstattung aus dem 19. Jahrhundert. 1710 ließ August der Starke hier die erste europäische Porzellanmanufaktur errichten und passte das Schloss den neuen Bedürfnissen an. Nach der Verlegung der Manufaktur 1863 wurden die baulichen Schäden und Veränderungen beseitigt und das Schloss wird seit 1881 als Museum genutzt.

In fünf Ausstellungsbereichen ist Wissenswertes und Kurioses rund um die Manufaktur und die Porzellanherstellung zu sehen und es werden geschichtliche und architektonische Themen beleuchtet. Auch die Wandmalereien

aus dem 19. Jahrhundert sind bemerkenswert. Sie zeigen Motive aus der sächsischen Geschichte und wurden von Künstlern aus der Dresdner Akademie angefertigt.

Neben wechselnden Sonderausstellungen runden Konzerte, spezielle Themenführungen und Mittelalterfeste das kulturelle Programm um die Albrechtsburg ab. Neu ist der interaktive Tablet-Guide, auch »HistoPad« genannt. Der Rundweg führt den Besucher entlang der Außenmauern, vorbei an alten Bäumen mit traumhaften Ausblicken ins Elbtal und auf die Altstadt von Meißen.

Info: Meißen liegt ca. 30 km nordwestlich von Dresden. **Info Albrechtsburg:** Domplatz 1, 01662 Meißen, Tel. (035 21) 47 07-0, www.albrechtsburg-meissen.de, Öffnungszeiten tägl. März–Okt. 10–18, Nov.–Feb. 10–17 Uhr, Eintritt € 10, ermäßigt € 8, Kinder (6–16 J.) € 3.

ALTSTADT VON MEISSEN

Meißen, Sachsen

Jeden Freitagabend punkt 17 Uhr steht sie im Sommer auf dem Marktplatz und wartet. Die schmucke Bürgersfrau in ihrer historischen Tracht führt durch die schöne Meißener Altstadt mit ihrer über 1000-jährigen Geschichte.

Patrizierhäuser des 16. und 17. Jahrhunderts begegnen dem Besucher vor allem auf dem Marktplatz. Hier steht auch das historische Rathaus aus dem 15. Jahrhundert, das mit seinen drei schmucken Giebeln an norddeutsche Backsteingotik erinnert. Im gleichen Jahrhundert wurde auch die Frauenkirche errichtet. Im Turm der spätgotischen Hallenkirche befindet sich das erste Porzellanglockenspiel der Welt, 1927 zur Tausendjahrfeier der Elbestadt installiert. Mehrmals täglich spielen 37 Glocken unterschiedliche Melodien. Vom Turm der Frauenkirche gewinnt man einen guten Eindruck von der imposanten Dachlandschaft, aus der die vielen Schloss- und Kirchtürme herausragen.

Rund um den Marktplatz laden zahlreiche Gassen, Treppen und Plätze zu einem ausgiebigen Stadtbummel ein. Man findet dabei nicht nur Porzellangeschäfte, sondern stößt auch auf das weniger bekannte Meißener Zinn.

Die Albrechtsburg aus dem Jahr 1470 prägt die markante Silhouette Meißens ebenso wie die mächtigen Türme des gotischen Doms Johannes und Donatus. Der Kirchenbau wurde um 1270 fertiggestellt und gilt heute als einer der stilreinsten gotischen Dome in Deutschland. Die beiden hohen Türme der Westfassade sind allerdings neugotisches Beiwerk vom Beginn des 20. Jahrhunderts. Die Fürstenkapelle, die im 15. Jahrhundert wie ein Chorraum vor der Westfassade errichtet wurde, diente bis 1539 als Grabstätte der Wettiner. Am 3. Oktober 1990 gründete sich der Freistaat Sachsen hier auf der Albrechtsburg neu.

Nach dem Abstieg vom Burgberg sollte man in der Konditorei Zieger Meißner Fummel – hauchdünnes, aufgeblasenes Feingebäck – probieren und im urigen Fachwerk-Ambiente vom Weinhaus Vincenz Richter ein Glas Goldriesling genießen, eine Weinsorte, die es nur noch im Elbtal gibt.

INFO: Meißen liegt ca. 30 km nordwestlich von Dresden. **INFO MEISSEN:** Tourist Information, Markt 3, 01622 Meißen, Tel. (03521) 41 94-0, www.touristinfo-meissen.de, Altstadtführung mit der Bürgersfrau Anfang April–Okt. Fr um 17 Uhr.

Meißens Altstadt mit den historischen Bürgerhäusern.

Schloss Proschwitz in Meißen

Vis-à-vis der Meißener Albrechtsburg befindet sich das älteste private Weingut Sachsens ➡ bA1. Seit über 850 Jahren werden auf diesen Rebhängen Weine kultiviert. Das besondere Proschwitzer Terroir mit seiner bis zu sechs Meter mächtigen Lehmlöß-Schicht, die auf Granit- und Syenit-Felsen ruht, lässt Weiß- und Rotweine gedeihen, die eine besondere Fruchtigkeit und Mineralität reflektieren. Vor allem die weißen und roten Burgunder sowie Goldriesling, Elbling und Scheurebe begeistern Weinkenner und Genießer weit über die Grenzen Sachsens hinaus. Seit 1996 darf sich das Familien-Weingut zur deutschen Weinelite im VDP, dem Verband der Deutschen Prädikatsweingüter, zählen. Zudem dient das Schloß als beliebte Hochzeits- und Veranstaltungslocation. Degustationen, Weinbergswanderungen und Schlossführungen finden auf Anfrage statt.

Info Vinothek im Schlosshof: Heiliger Grund 2, 01662 Meißen, OT Proschwitz, tägl. 10–18 Uhr, www.schloss-proschwitz.de

Anreise: Mit dem Auto von Dresden über die B6. Mit der S 1 ab Dresden bis Bahnhof Meißen, dann elbabwärts zu Fuß am Fluss entlang bis zu den »Proschwitzer Katzenstufen«, die den Berg hinauf nach Proschwitz führen.

Der Blick von Proschwitz auf die »Wiege Sachsens« – der Meissener Burgberg mit Dom und Albrechtsburg, dem ältesten Schlossbau Deutschlands

Schloss Wackerbarth – wo aus Trauben Träume werden

Schloss Wackerbarth

Im sächsischen Elbtal liegt eine der schönsten Weinregionen Deutschlands – mit eindrucksvollen Steillagen und Terrassenweinbergen, barocken Sehenswürdigkeiten und feinen Gaumenfreuden. Den Weinreichtum Sachsens mit allen Sinnen erleben, dazu lädt Schloss Wackerbarth ein. Früher residierten hier Grafen, heute begrüßt Wackerbarth als Europas erstes **Erlebnisweingut** ➡ bA/bB3 jeden Tag seine Gäste. Vor Ort erlebt man bei Führungen, Weinbergswanderungen oder Events, wie aus den heimischen Trauben seit mehr als 850 Jahren ausgezeichnete »Cool Climate«-Weine reifen oder wie die prickelnden Kreationen des »Besten Sekterzeugers Deutschlands« (Deutscher Sekt Award 2018) noch heute nach alter französischer Handwerkskunst klassisch in der Flasche reifen. Ob im Weingarten, Gasthaus oder Gutsmarkt – Schloss Wackerbarth verwandelt Zeit in Genuss.

Info Schloss Wackerbarth: Wackerbarthstr. 1, 01445 Radebeul, ✆ (0351) 895 50, www.schloss-wackerbarth.de, tägl. Führungen und Verkostungen, Gutsmarkt tägl. geöffnet, Gasthaus März bis Dez., Öffnungszeiten siehe Website, Weinsommer im Weingarten mit Wein und Musik Mai–Okt. tägl. 11–19 Uhr.

Anreise: Mit dem Auto von Dresden über B6 und S84. Mit der S 1 ab Dresden bis Radebeul-Kötzschenbroda, danach 15 Min. Fußweg. ■

Das Hechtviertel ohne Fisch:
Sympathische Läden und kulinarische Vielfalt

Hecht? Nein hier gibt es keinen Fisch oder Hafen. Das Hechtviertel in Dresden könnte man als kleine Schwester des Neustädter Szeneviertels bezeichnen – und dennoch ist es ganz anders. Hier gibt es kein Nachtleben mit Clubs und Bars. Bunte Restaurants, kleinere Läden wie Spätshops, Heilpraktiker, Kostümverleih, Obst- und Gemüsehändler dominieren das Straßenbild. Das Hechtviertel hat sich zu einem familienfreundlichen und attraktiven Wohnviertel mit eigener Identität und Kneipenkultur entwickelt. Die Hecht-Bewohner engagieren sich für ihr Viertel und organisieren gemeinschaftliche Projekte, wie z. B. das Drachenfest, Kinderfasching, den Hechtviertel-Adventskalender und den weihnachtlichen Hechtzauber. Am letzten Augustwochenende findet das jährliche Highlight im Viertel statt, das Hechtfest. Auf den Straßen herrscht dann ein kunterbuntes Treiben mit Verkaufsständen, Bühnen und Leckereien.

Nomen est omen – im Hechtviertel

REISEBLOG
Dresden

Alltag im Hechtviertel

Spaziergang durch das Hechtviertel

Bei einem Spaziergang lassen sich die vielen kleinen Ecken und Besonderheiten des Viertels am besten entdecken. Mit den öffentlichen Verkehrsmitteln ist es gut vernetzt. Als Startpunkt eignet sich der Bischofsplatz, der mit der S-Bahn S1 oder der Straßenbahn 13 zu erreichen ist. Von der Äußeren Neustadt oder der Haltestelle Bischofsweg (Straßenbahn 7 oder 8) ist der Platz auch nur einen »Hechtsprung« entfernt. Gleich an der Bahnbrücke grüßt schon der erste Hecht, dann geht es die Hechtstraße lang Richtung Norden. An der ersten Kreuzung links abbiegen in die Erlenstraße, um dann rechts in der Johann-Meyer-Straße die Gründerzeithäuser zu bestaunen. Der Straße bis zum Ende folgen, die Hechtstraße überqueren – und schon befindet man sich im Hechtpark. Einmal tief durchatmen, eine Parkbank suchen und das Grün genießen.

Ausgeruht beginnt der Rückweg über Hecht- und Buchen- in die Schanzenstraße. Dabei passiert man die St. Pauli Ruine, eine alte Kirchenruine, die für Theater- und Konzertvorstellungen genutzt wird. Sie ist ein echter Blickfang und bildet eine einmalige Kulisse für die regelmäßig hier stattfindenden Aufführungen, wobei die Spielzeit auf die warme Jahreszeit beschränkt ist. Laue Sommernächte lassen sich in dieser romantischen Spielstätte bestens genießen. Nähere Informationen unter www.pauliruine.de.

Die letzten Meter zurück zum Bischofsplatz, dem Ausgangspunkt, führen über die belebte Rudolf-Leonhard-Straße.

Essen & Trinken im Hecht

Im Hechtviertel findet vom Gourmet bis zum Fast-Food-Junkie jeder sein kulinarisches Highlight. Der Klassiker ist das St. Pauli, wo internationale Küche auf deutsche Barkultur trifft. Frisch und abwechslungsreich ist die Kost; angeboten werden auch Gerichte, die tatsächlich nur im St. Pauli auf der Speisekarte stehen.

Essen für jeden Geschmack und zu erschwinglichen Preisen bietet das Restaurant TB – Terrasse am Bischofsplatz. Im Sommer öffnet die charmante Dachterrasse, wo neben kleinen Snacks auch frisch gezapftes Bier, Wein und andere Drinks angeboten werden. Veganer und Vegetarier kommen im Falschen Hasen oder dem Dicken Schmidt auf ihre Kosten. Die Pizzastube auf der Hechtstraße backt die beste Pizza im Kiez. ▬

Gut zu wissen: Die Theater- und Konzertvorstellungen in der St. Pauli Ruine werden auf der Website angekündigt.

St. Pauli Ruine ➡ C6
Königsbrücker Platz, Dresden
℡ (03 51) 272 14 44, www.pauliruine.de

St. Pauli Tagesbar und Restaurant ➡ C6
Tannenstr. 56, Ecke Rudolf-Leonhard-Str., Dresden
℡ (03 51) 275 14 82, www.sankt-pauli.in
Tägl. 11.30–14 und 17–20 Uhr

TB – Terrasse am Bischofsplatz ➡ C6
Bischofsweg 2, Dresden
℡ (01523) 714 41 95, tägl. 17.30–23 Uhr

Falscher Hase ➡ C6
Rudolf-Leonhard-Str. 3, Dresden
℡ (03 51) 30 95 91 12, https://falscher-hase.com
Di–Fr 17–22, Sa/So 13–22 Uhr

Dicker Schmidt ➡ C6
Rudolf-Leonhard-Str. 32, Dresden
℡ (03 51) 20 63 74 68, www.der-dicke-schmidt.de
Tägl. 12–22 Uhr

Pizzastube ➡ C6
Hechtstr. 12, Dresden
℡ (03 51) 32 33 33 03, www.pizzastube-dd.de
Mo, Mi/Do 17–22, Di, Fr–So 12–22 Uhr

Rundweg zur Zschoner Mühle:
Naturnah wandern in Dresden

Ein abwechslungsreicher Ausflug ins Grüne führt durch das Landschaftsschutzgebiet Zschonergrund im Dresdner Westen. Startpunkt für die kleine Wanderung ist die Endhaltestelle »Pennrich, Gleisschleife« der Straßenbahnlinie 7 (Oskar-Maune-Str. 5). In Fahrtrichtung geht es rechts in die Oskar-Maune-Straße, um dann dem Pennricher Bach bis zu seiner Einmündung in den Zschonerbach zu folgen. Neben dem plätschernden Zschonerbach wandert man zwischen Streuobstwiesen und Wäldern immer tiefer in den Zschonergrund, bis man die Zschoner Mühle erreicht.

Die im 15. Jahrhundert erstmalig erwähnte Mühle wurde im 18. Jahrhundert durch einen Brand zerstört und um 1730 wiederaufgebaut. Ab dem 19. Jahrhundert entwickelte sie sich zunehmend zum Ausflugsziel und der Mahlbetreib wurde 1917 eingestellt. Nach dem Zweiten Weltkrieg verfiel die Mühle, bis in den 1980er Jahren Sicherungsmaßnahmen zu ihrer Rettung durchgeführt wurden. Die Zschoner Mühle ist heute originalgetreu restauriert und voll funktionstüchtig. Besucher erwartet nicht nur eine Wegstärkung unter

Beliebtes Ausflugsziel: die Zschoner Mühle

schattigen Bäumen im Bio-Hoflokal MühlenMahlzeit, sondern auch eine Führung des Müllers, der von seinem Alltag erzählt. Interessierte erfahren bei einer unterhaltsamen Vorführung, wie noch vor 100 Jahren Mehl gemahlen wurde und was der Unterschied zwischen ober- und unterschlächtigen Wasserrädern ist. Die Kraft des Wassers setzt heute noch das riesige Wasserrad in Bewegung. Ein Erlebnis für Groß und Klein.

Nach der Stärkung geht es auf einem bequemen Weg am Bachlauf entlang weiter in den Zschonergrund hinein bis zum NaturKulturBad Zschonergrund. Neben dem ausgezeichneten Naturbad mit biologischer Selbstreinigung, das in den Sommermonaten herrliche Abkühlung bietet, ist hier eine Kultur-, Freizeit- und Bildungsstätte entstanden, die sich unter anderem dem Erleben und Erhalt der biologischen Vielfalt widmet, so etwa im Schau-Kräutergarten.

Der Rückweg führt auf der anderen, wildromantischen Talseite zurück zur Zschoner Mühle. Dort zweigt ein Weg in Richtung Podemus ab. Der Ort hat sich seinen dörflichen Charakter bewahrt und beheimatet einen der größten regionalen Biohöfe, das Vorwerk Podemus, einen denkmalgeschützten Vierseithof mit Hofmarkt. Von Podemus geht es durch den Zschonergrund zurück zum Ausgangspunkt nach Pennrich.

Hoflokal MühlenMahlzeit:
Speisen im Grünen

REISEBLOG
Dresden

Das oberschlächtige Wasser-rad der Zschoner Mühle kann besichtigt werden

Der Rundweg von zehn Kilometern dauert etwa zweieinhalb Stunden. Wem das zu lang ist, der kann den Abstecher zum Naturbad oder jenen über Pode-mus auslassen. Es gibt auch andere Wege zur Zschoner Mühle sowie einen Parkplatz in der Nähe.

Ein Ausflug zur Zschoner Mühle lohnt sich zu jeder Jahreszeit. Im Frühling lockt die Sonne die ersten Gräser und Blumen heraus, im Sommer kann man am kühlen Bach pausieren, im Herbst die bunten Farben des Laubs bestaunen und im Winter an den Hängen rodeln. ▬

Zschoner Mühle ➡ bB3
Zschonergrund 2, Dresden
www.zschoner-muehle.de
Hoflokal MühlenMahlzeit April–Okt. Sa/So 11–20 Uhr
Mühlenmuseum nach Anmeldung
Aufführungen Puppentheater vgl. Website

NaturKulturBad Zschonergrund ➡ bB3
Merbitzer Str. 61, Dresden
www.zschonergrundbad.com
Öffnungszeiten vgl. Website

Biohof Vorwerk Podemus mit Hofladen ➡ bB3
Podemuser Ring 1, Dresden
✆ (03 51) 438 88 60
www.vorwerkpodemus.de
Hofladen Mo–Fr 9–19, Sa 8–16 Uhr

Schlauchboottour durch das Dresdner Elbland

Für Wasserfans:
Schlauchboottour auf der Elbe

Sich einfach mal treiben lassen! Besucher, die mit dem Schlauchboot auf der Elbe unterwegs sind, erleben Dresden und Umgebung aus einem ganz neuen Blickwinkel. An verschiedenen Startpunkten in der Sächsischen Schweiz werden die Schlauchboote ins kühle Wasser gelassen und elbabwärts geht die Fahrt in Richtung Dresden. Zwischendurch lässt sich an kleinen Elbstränden herrlich eine Rast einlegen. Auf unterschiedlichen Touren begleitet das malerische Felsmassiv des Elbsandsteingebirges den Weg. Meistens sind in den Felsen Kletterer zu erspähen, die sich in schwindelerregenden Höhen ihren Weg zum Gipfel bahnen.

Eine Stadt am Fluss: Die Elbe gehört zu Dresden wie die Seine zu Paris oder die Themse zu London. Von ihrer Quelle im Riesengebirge fließt sie durch die Sächsische Schweiz und Dresden, um in Hamburg in die Nordsee zu münden.

Der landschaftlich schönste Abschnitt führt von Bad Schandau vorbei an der historischen Festung Königstein, dem imposanten Lilienstein und dem idyllischen Kurort Rathen mit der weltbekannten Basteibrücke nach Wehlen. Auf dieser Strecke können fast alle Höhepunkte der Sächsischen Schweiz vom Wasser aus be-

staunt werden. Die Festung Königstein liegt 240 Meter hoch über der Elbe und ist eine der größten Bergfestungen Europas. Vom Schlauchboot aus sind die imposanten Festungsmauern auf der Spitze des Tafelbergs Königstein gut zu sehen. Der einzige Tafelberg auf der rechten Elbseite ist der markante Lilienstein, der mit seinen 1450 Metern bereits aus weiter Ferne erkennbar ist. Im Kurort Rathen wartet mit der Gierseilfähre eine kleine Herausforderung auf die Paddler. Die Fähre wird an einem langen Seil, dem Gierseil, auf umweltfreundliche Art nur durch die Strömung über die Elbe gezogen. Auf der anderen Seite befindet sich die Felsenbühne Rathen mit natürlicher Felskulisse, das wohl schönste Naturtheater Europas. Wie wäre es mit einem Besuch am Abend unter sternenklarem Himmel? Noch bekannter ist nur noch die Bastei mit der Basteibrücke.

Es werden Schlauchboottouren von zwei bis sechs Stunden angeboten. Die Preise richten sich nach der Personenzahl im Boot sowie der Dauer der gebuchten Tour und variieren zwischen 50 und 120 Euro pro Boot. Ins Gepäck gehören regenfeste bzw. vor der Sonne schützende Kleidung, Sonnencreme, Kopfbedeckung, eventuell Wechselkleidung und ein Handtuch.

Es sind auch Touren mit einem leckeren Grillbuffet oder einem romantischen Lagerfeuer im Angebot. Bei einem Start in Bad Schandau lohnt sich ein Besuch auf dem Marktplatz, eine Fahrt mit dem historischen Personenaufzug und das Eintauchen in der Toskana Therme. In Wehlen angekommen tut eine Abkühlung im Freizeitbad gut. Für Familien bietet das Elbe-Freizeitland Königstein zusätzlich Action und Abenteuer.

Die Anreise ab Dresden erfolgt unkompliziert mit der S-Bahn S1 und dauert vom Hauptbahnhof nach Bad Schandau ca. 45 Minuten. Wer mit dem Auto fährt, findet vor Ort kostenpflichtige Parkplätze, die jedoch am Wochenende häufig ebenso voll sind wie die Straßen, sodass sich die Anreise mit den öffentlichen Verkehrsmitteln empfiehlt. ▬

Schlauchboottouren auf der Elbe
www.elbe-adventure.de/index.php/schlauchboote.html
www.kanu-aktiv-tours.de
www.schlauchboot-elbe.de

Der Weihnachts-Circus:
Monte Carlo in Dresden

Gut zu wissen:
Die Plätze in den Logen
sind schnell ausverkauft,
aber auf den Rängen
findet sich auch für
Kurzentschlossene immer
ein Platz beim Dresdner
Weihnachts-Circus.

Süßer Popcornduft liegt in der Luft. Bunte Clowns laufen umher. Ein Mann verkauft Eis und Laugenbrezeln aus seinem Bauchladen. Die leicht rosafarbene Zuckerwatte wickelt sich um die Holzstile. Bunte Lichter leuchten überall. Tannenzweige schmücken die Gänge. Musik schallt durch die Hallen. Das Publikum wird begrüßt: »Herzlich Willkommen, Vorhang auf, Manege frei.« In Dresden ist Weihnachtszirkus, und den gibt es schon seit über 20 Jahren. Es ist nicht irgendein Zirkus – das Team um Direktor Mario Müller-Milano präsentiert einen Zirkus der Spitzenklasse. Ausgesuchte internationale Künstler, Preisträger der Zirkuswelt, Artisten aus aller Herren Länder und beeindruckende Tierdarbietungen erwarten die Besucher. Jedes Jahr versucht das Team die besten Darbietungen aus Monte Carlo nach Dresden zu holen.

Der Atem stockt bei den artistischen Darbietungen in luftiger Höhe und für noch mehr Zirkusfeeling sorgen die lustigen Clowns in den Umbaupausen. Eine Big Band mit professionellen Musikern und eine Sängerin runden den Abend musikalisch ab. Hier kommt nichts vom Tonband. Die moderne Show- und Lichttechnik lässt die Künstler glänzen und strahlen. Beim Dresdner Weihnachts-Circus taucht man in eine andere Welt ein. Man fühlt sich zurückversetzt in die Kindheit, Begeisterung und Faszination brechen sich Bahn. Die Jüngsten lachen und staunen ebenso wie die Uroma. Ein Erlebnis, das die ganze Familie zusammenführt. Jedes Jahr präsentiert man ein neues Programm und es wird garantiert nie langweilig, wenn es heißt: »Manege frei«.

Der Weihnachts-Circus schlägt seine Zelte auf dem Volksfestgelände Pieschener Allee an der Elbe auf und spielt ab Mitte Dezember bis Anfang Januar. Die Tickets sind online und an der Abendkasse vor Ort erhältlich.

Zirkus hat in Dresden übrigens eine lange Tradition. Hans Stosch-Sarrasani, der legendäre Zirkusgründer, wählte Dresden als Standort für den ersten festen Zirkusbau Europas. Am 22. Dezember 1912 wurde das »Circus-Theater 5000« in Anwesenheit der königlichen Familie eingeweiht. Der Circus Sarrasani wurde in ganz

Europa berühmt, das Gebäude leider im Zweiten Weltkrieg zerstört. Mit dem magischen Weihnachtszirkus pulsiert das Zirkusblut weiter in Dresden. ▬

REISEBLOG
Dresden

Dresdner Weihnachts-Circus ➡ aA2
Pieschener Allee 16, Dresden
www.dwc.show, Tickets: www.ticketmaster.de
Mitte Dez.–Anfang Jan., Ticket € 33–45

Bunte Republik Neustadt:
Ein Wochenende Ausnahmezustand

In der Neustadt ist immer etwas los, doch besonders laut wird es am dritten Wochenende im Juni. Auf den Straßen dröhnt Musik und bis tief in die Nacht tanzen

Dresden feiert die Bunte Republik Neustadt

Jeder Straßenzug gleicht einer Party-Meile

*Gut zu wissen:
Der Sonntag und die
Nachmittage gehören den
Familien. Da ist es ruhiger
und nicht so voll. Am
Sonntag frühstücken die
Anwohner traditionell ge-
meinsam vor den Häusern
auf der Straße.*

die Menschen unter dem Sternenhimmel. Einmal im Jahr wird die Bunte Republik Neustadt, kurz BRN, aus-gerufen und es herrscht ein Wochenende Ausnahme-zustand. Im Dresdner Stadtteil Äußere Neustadt wird zwischen Bautzner und Alaunstraße gefeiert, getanzt und gelacht. Über 100 000 Besucherinnen und Besucher strömen jedes Jahr durch die Straßen, die mit lustigen und kreativen Verkaufsständen gefüllt sind. Livemusik verschiedener Stilrichtungen ist auf zahlreichen kleinen Bühnen zu hören, Straßentheater, Umzüge, Feuershow und Wrestling Show mit Muskelprotzen sind nur einige der Highlights. Bunt gekleidete Menschen, Mädchen

mit Blumenkränzen, glitzernde Gesichter und das ein oder andere verrückte Outfit beleben die Straßen. Auf selbst gebauten Bühnen legen DJs auf – von Techno bis Hip-Hop ist alles dabei. Und natürlich fließen Bier und sonstige Getränke in Strömen.

Nicht alle Anwohnerinnen und Anwohner sind begeistert von der Feierei und den Nebenwirkungen wie Lautstärke und zurückgelassener Müll. Manche flüchten über das BRN-Wochenende also lieber aus der Neustadt, doch viele bleiben und bereichern das Fest mit verrückten Aktionen und Angeboten. Da gibt es beispielsweise die selbst gebaute Speeddating-Box, den Flohmarkt, die Rennstrecke mit Fahrradantrieb, die Bastelecke, Schmink- und Tattoo-Künstler, eine Überraschungsmaniküre und vieles mehr. Hinter jeder Ecke wartet ein anderes Angebot. Auf der Talstraße finden besonders die Kinder ihr Vergnügen.

Interessant ist auch ein Blick auf die Geschichte dieses Stadtteilfestes. Die BRN wurde am 20. Juni 1990 als Mikronation gegründet. In einer Kneipe bei einem Bier entstand die Idee, die innerhalb weniger Monate umgesetzt wurde. Die erste BRN war geboren. Weiße Striche auf dem Boden und Eingangsschilder markierten das Territorium. Markenzeichen sind bis heute die eigene Flagge, ein Mickey-Maus-Kopf auf schwarz-rot-gelbem Grund, und als Zahlungsmittel die Neustadtmark. Im Laufe der Jahre entfernte sich die BRN zunehmend von politischen Themen, wie z. B. Mietwucher, und entwickelte sich zum Nachbarschafts-, Kunst- und Kulturfest. In den Jahren 2001 und 2002 machte sie dann wegen der gewalttätigen Ausschreitungen während der Feierlichkeiten negative Schlagzeilen in der bundesweiten Presse. Es folgten ruhige Jahre, bis 2007 bei Auseinandersetzungen zwischen rechten und linken Gruppierungen mehrere Polizisten verletzt wurden. Wegen dieser Vorkommnisse wird das Fest von der Polizei vor Ort begleitet. Aber keine Sorge: Mittlerweile ist es friedlich und herrlich bunt. Ausstellungsstücke aus 20 Jahren BRN zeigt das BRN-Museum im Stadtteilhaus Neustadt in der Prießnitzstraße 18. ▬

Bunte Republik Neustadt
www.brn-dresden.de
Drittes Wochenende im Juni

Ein besonderes Erlebnis:
Höhlentour in der Sächsischen Schweiz

Gut zu wissen: Der Teil des Elbsandsteingebirges, der zu Deutschland gehört, wird Sächsische Schweiz genannt, auf tschechischer Seite befindet sich die Böhmische Schweiz.

Wer in Dresden Urlaub macht, sollte einen Abstecher in die Sächsische Schweiz unbedingt einplanen. Das Elbsandsteingebirge erstreckt sich entlang des Elbtals von Pirna bis zur tschechischen Grenze. Es ist ein einmaliges Landschaftsschutzgebiet, das von bizarren Felsformationen, üppig grünen Wäldern und malerischen Tälern geprägt ist. Ungefähr 1200 Kilometer markierte Wanderwege bieten immer neue atemberaubende Panoramen und eine einzigartige Vielfalt an Lebensräumen für Pflanzen und Tiere.

Ein besonderes Highlight ist eine Höhlentour in der Sächsischen Schweiz. Ein heißer Tipp für Abenteuerlustige! Durch das Sandsteingebirge und die Felsenstruktur sind viele Höhlen entstanden, die sich im Nationalpark verstecken. Manche liegen unter der Erde, andere in luftiger Höhe. Bei den Höhlentouren geht es mit einem ausgebildeten Guide auf unterschiedlich anspruchsvollen Touren in die Höhlen hinein. Kurz gesagt: Es ist kalt, dunkel, eng – und einfach fantastisch! Eine Mischung aus wunderbaren Eindrücken, atemberaubender Natur und adrenalingeladener Action erwartet die Besucher. Eine Herausforderung und gleichzeitig eine großartige Erfahrung! Der Guide erklärt genau, was zu tun ist. Robben, kriechen, ziehen, klettern und rutschen sind die angesagten Fortbewegungsmethoden. Kratzer und Schmutz gehören bei den engen Passagen und dem Kriechparcours ab der ersten Höhle dazu. Spinnen und allerlei andere Tierchen warten schon auf Besuch. Vielleicht sind auch die Fledermäuse zu Hause. Doch keine Sorge: Wenn es zu viel wird, kann man vor der Höhle warten und dann bei der nächsten wieder einsteigen. Zwischen den Höhlen geht es über herrliche Wanderwege mit Fernblick und durch Wälder zum Durchatmen.

Im Angebot sind Touren von unterschiedlicher Länge und verschiedenen Schwierigkeitsgraden – für Einsteiger, Familien und Sportliche. Hier findet jeder etwas Passendes. Besondere Voraussetzungen müssen nicht mitgebracht werden. Eine gute körperliche und psy-

Auf der Höhlentour darf man keine Platzangst haben

REISEBLOG
Dresden

chische Fitness ist aber von Vorteil. Die Touren kosten zwischen 35 und 55 Euro pro Person.

Wegen der harten und kantigen Felsen und Steine ist das Tragen von Handschuhen zu empfehlen, lange Hosen und langärmlige Oberteile sind sinnvoll. Zudem sind alte Klamotten anzuraten, denn beim Kriechen in den Löchern klebt der Dreck schnell überall und an den Steinen kann auch mal eine Hose aufreißen. Helm und Stirnlampe werden durch die Veranstalter gestellt.

Noch mehr unvergessliche Erlebnisse bietet eine Klettersteigtour, die in luftiger Höhe mit Stahlseil, Leitern und Steighilfen am Felsen entlangführt. Definitiv ruhiger und idyllischer ist es auf dem Malerweg, einem der schönsten Wanderwege Deutschlands. 112 Wanderkilometer in acht Tagesetappen haben einst schon Maler, Literaten und Musiker zu ihren Werken inspiriert. ▬

Mehr Insidertipps zu Dresden und anderen Destinationen finden Sie auf www.fuer-weltentdecker.de

Höhlentouren in der Sächsischen Schweiz
www.sächsische-schweiz-aktiv.de/höhlentouren
www.flowtakt.de/hoehlentour
www.elbe-adventure.de
www.sandstein.guide/hoehlen-saechsische-schweiz

Hoher und Mittlerer Torstein in der Sächsischen Schweiz

*In der Galerie Neue Meister:
Caspar David Friedrichs
»Schiffe im Hafen am Abend«
(um 1828) und …*

Museen und Galerien, Architektur und andere Sehenswürdigkeiten

Museen und Galerien

**❸ Albertinum/Galerie Neue Meister/
Skulpturensammlung** ➡ aC4
Georg-Treu-Platz 1 (Brühlsche Terrasse)
Tram: Pirnaischer Platz
✆ (03 51) 49 14 20 00, www.skd.museum
Tägl. außer Mo 10–17 Uhr
Eintritt € 12/9, bis 16 J. frei

*… Paul Gauguins »Zwei Frauen
von Tahiti« (1892)*

Das Albertinum beherbergt die Galerie Neue Meister sowie die Skulpturensammlung der Staatlichen Kunstsammlungen Dresden

Das einstige Zeughaus der Dresdner Festung wurde 1877 im Stil der Renaissance erbaut. Namengeber war König Albert, der den Zweckbau als Museums- und Archivbau in Auftrag gab. Neben der Galerie Neue Meister und der Skulpturensammlung befindet sich hier das Zentraldepot der Kunstsammlungen mit 6000 Gemälden, hochwassersicher untergebracht.

Die **Galerie Neue Meister** präsentiert Kunst des 19. bis 21. Jh., von den Dresdner Romantikern um Caspar David Friedrich bis zu den Impressionisten und Expressionisten sowie Brücke-Künstlern. Für Gerhard Richter, Absolvent der Dresdner Kunsthochschule und einer der teuersten Maler der Welt, ist ein großer Raum vorhanden. Auch Caspar David Friedrich und Ludwig Richter, die Landschaftsmaler der Romantik, haben eigene Räume. Georg Baselitz, Gerhard Richter und A. R. Penck werden als Weltstars mit sächsischen Wurzeln vorgestellt. Selbst Lovis Corinth kehrte zurück nach Dresden, eine Spenderin schenkte dem Albertinum seine »Studie zur Totenklage«. Etwa 2500 Bilder werden auf 2500 m^2 gezeigt.

Die **Skulpturensammlung** im Erdgeschoss und ersten Stock zeigt Bildhauerarbeiten aus fünf Jahrtausenden, von den Herculanerinnen bis zu Rodin und Degas, Henry Moore und Wieland Förster. Der Bestand an Plastiken ist der umfangreichste Deutschlands. Von Ernst Rietschel (1806–61), Dresdens bekanntestem Bildhauer, werden die unzerstörten Originalmodelle des Goethe-Schiller-Denkmals in Weimar und des Lessing-Denkmals gezeigt.

*Ausstellung zur menschlichen
Anatomie im Hygiene-Museum*

Deutsches Hygiene-Museum ➡ aE4
Lingnerplatz 1
Tram: Deutsches Hygiene-Museum
℡ (03 51) 484 60, www.dhmd.de
Tägl. außer Mo 10–18 Uhr
Eintritt € 9/5, bis 16 J. frei, Familienticket € 14 (Eintritts-
karten gelten für 2 Tage), Audioguides kostenlos, Fr ab
15 Uhr 50 % Rabatt auf alle Tickets
Der Philantroph Karl August Lingner, der mit der
Odol-Herstellung viel Geld verdiente, ließ 1911 die
erste Internationale Hygieneausstellung im Großen
Garten durchführen. Das Publikum drängte in Massen
herbei, es war die Zeit der hygienischen Aufklärungs-
kampagnen, der Impfungen, der Krankheitsforschung
und der Reformbewegung, die von Dresden ausging.
Im Jahr 1930 wurde das Hygiene-Museum eröffnet,
Architekt war Wilhelm Kreis. Es war deutschlandweit
das einzige Museum seiner Art, das den Menschen als
biologisch, psychisch, sozial und kulturell vernetztes
Wesen anschaulich und sinnlich begreifbar machte.
Im Mittelpunkt der Ausstellung steht das berühmteste Exponat, die »Gläserne Frau«, die vollkommen
transparente Darstellung eines Frauenkörpers in
Lebensgröße samt Skelett, Gefäßen und Nervenbahnen. Zehntausende Schüler haben vor dieser Figur
den Körper des eigenen oder anderen Geschlechts
kennengelernt. Heute gibt es auch Körpermodelle
zum Anfassen, Gerätschaften – wie etwa einen Age-

DEUTSCHES HYGIENE-MUSEUM

Dresden, Sachsen

Das in Europa einzigartige Museum zum Thema »Abenteuer Mensch« ist ein Muss für Besucher der sächsischen Landeshauptstadt. Der Dresdner »Odol«-Fabrikant Karl August Lingner war 1912 maßgeblich an der Gründung des Museums als »Volksbildungsstätte für Gesundheitspflege« beteiligt. Sein wesentliches Anliegen war es, auch der ärmeren Bevölkerung die neuesten Kenntnisse der persönlichen Hygiene, der Gesundheitsvorsorge und einer gesunden Ernährung zu vermitteln. Der Museumsbau, den Elemente der Bauhausarchitektur kennzeichnen, wurde 1930 nach Entwürfen von Wilhelm Kreis am zentrumsnahen Blüherpark eröffnet.

Die Irritationen beginnen aber beim Namen. »Man denkt zunächst ans Händewaschen«, sagt Direktor Klaus Vogel. Die Sammlungen veranschaulichen jedoch den Menschen als biologisch, psychisch, sozial und kulturell vernetztes Wesen. Es geht um Fragen der Ernährung, Schönheit, Sexualität, des Älterwerdens und um das menschlichen Fähigkeiten. Syphilispusteln und eine vollautomatische Küche von 1971 – es gibt kaum ein Museum, das so viele unterschiedliche Exponate vereint wie dieses.

Immer noch steht das berühmteste Exponat, die »Gläserne Frau« (1935), im Mittelpunkt – die transparente Darstellung eines Körpers in Lebensgröße samt Skelett, Gefäßen und Nervenbahnen, die auf Knopfdruck aufleuchten.

Interaktive Installationen schaffen eine reizvolle und lehrreiche Sicht. Wer will, kann sich einer Alterssimulation unterziehen: Eine manipulierte Brille vor den Augen, Bürstenschuhe an den Füßen, ein Vibrator am Handgelenk und Plexiglas an den Ohren – die körperlichen Einschränkungen, die das Alter mit sich bringt, sind auch für die Kleinsten schnell nachvollziehbar. Auch im Kinder-Museum »Unsere fünf Sinne« warten zahlreiche Mitmachelemente auf Kinder zwischen vier und zwölf Jahren.

Heute kooperiert das Museum mit wissenschaftlichen Einrichtungen aus aller Welt, ist erfolgreiche Tagungsstätte und beliebtes Besucherzentrum für Schulklassen. Die wechselnden Sonderausstellungen sind Grund genug, das Deutsche Hygiene-Museum in regelmäßigen Abständen zu besuchen.

INFO: In der Altstadt gelegen. **INFO DEUTSCHES HYGIENE-MUSEUM DRESDEN:** Lingnerplatz 1, 01069 Dresden, Tel. (03 51) 484 60, www.dhmd.de, Öffnungszeiten Di–So 10–18 Uhr, Eintritt € 9, ermäßigt € 5, bis 16 J. frei, Fr ab 15 Uhr 50 % Rabatt auf alle Preise.

Die Gründung des Deutschen Hygiene-Museums geht auf die Initiative des »Odol«-Fabrikanten Karl August Lingner zurück.

Simulator – zum Ausprobieren, Hörstationen und anderes. Themenbereiche sind Leben, Sterben, Denken, Essen, Trinken, Bewegung, Sexualität, Glück, Scham, Sprache, Religion, Arbeit und Schönheit. In einer Vitrine liegt Bertolt Brechts Verfügung zum Umgang mit seiner Leiche. Er hatte Angst, »scheintot« beerdigt zu werden, und verlangte, dass seine Herzschlagader geöffnet werden solle, um den Tod sicherzustellen.

Erich Kästner Museum → aA4
Antonstr. 1, Tram: Albertplatz
℡ (03 51) 804 50 86, www.kaestnerhaus-literatur.de
Tägl. außer Sa 10–17 Uhr, Museum Mi 9–13 Uhr nur angemeldete Gruppen, Eintritt € 6/4, Familienticket € 13
Das zum 101. Geburtstag Kästners 2000 eröffnete interaktive Museum dokumentiert das Leben des Schriftstellers. Zugleich präsentiert es sich als architektonisches Kunstwerk und »Gebrauchsgegenstand«, in dem unterschiedliche Generationen spielerisch die Kästner-Welt erobern können.

Der Besucher ist eingeladen, lebensgroße Bausteine voneinander zu lösen und dadurch dem Kabarettisten mit der sprühenden Phantasie auf die Schliche zu kommen. Gezeigt werden originale Gebrauchsgegenstände aus Kästners Besitz, darunter seine Schreibmaschine, sein Hut, Fotos und Briefe.

Am Albertplatz sitzt der junge Kästner auf der Mauer des heutigen Erich Kästner Museums (1999 von Mathyas Varga). In der Villa seines Onkels war der Dichter als Kind oft zu Besuch

Gedenkstätte Münchner Platz Dresden ➡ K3
Münchner Platz 3
Tram: Münchner Platz
✆ (03 51) 46 33 19 90
www.muenchner-platz-dresden.de
Mo–Fr 10–16, Sa/So/Fei 10–18 Uhr
Eintritt frei, kostenfreie Führung Sa/So/Fei 14 Uhr
Die Gedenkstätte befindet sich auf dem Areal des früheren Landgerichts Dresden. Unter der NS-Diktatur wurde hier regimefeindliches und abweichendes Verhalten verurteilt. Zwei Drittel der über 1300 Hingerichteten waren tschechischer Nationalität. Nach 1945 führte die DDR-Justiz hier 66 Hinrichtungen durch. Im Mittelpunkt der Ausstellung »Verurteilt. Inhaftiert. Hingerichtet.« stehen ausgewählte Schicksale von Menschen verschiedener Opfergruppen.

Blick in die ständige Ausstellung »Verurteilt. Inhaftiert. Hingerichtet.« der Gedenkstätte Münchner Platz Dresden

5 Gemäldegalerie Alte Meister ➡ aC2/3
Zwinger, Semperbau, Theaterplatz 1
Tram: Postplatz, Theaterplatz
✆ (03 51) 49 14 20 00, www.skd.museum
Tägl. außer Mo 10–17 Uhr
Eintritt € 14/10,50, bis 16. J. frei, Zwingerticket gilt auch für Porzellansammlung und Mathematisch-Physikalischen Salon

Giorgiones »Schlummernde Venus« (um 1508/10) in der Gemäldegalerie Alte Meister

Raffaels »Sixtinische Madonna« ist der Anziehungspunkt bei den »Alten Meistern«

Die im Jahr 1855 erbaute Sempergalerie, nach der Kriegszerstörung flüchtig wieder hergerichtet, wurde bis 1993 grundlegend restauriert. Ein würdiges Haus für eine Sammlung, die nach Ansicht vieler Kunstkritiker ebenbürtig ist mit den Sammlungen von Prado und Louvre oder den Nationalgalerien in London und Washington. Die »Alten Meister« gehören weltweit zu den reichsten Sammlungen der Werke des 15. bis 18. Jh. und gingen aus der von Kurfürst August 1560 gegründeten Kunstkammer hervor. Superstar ist Raffaels ewig junge »Sixtinische Madonna« (um 1516).

Galerie Neue Meister
Vgl. S. 70 f.

❻ Grünes Gewölbe ➡ aC3
Besucherzentrum der Staatlichen Kunstsammlungen Dresden Taschenberg, Ecke Schlossstraße, Eingang über den Kleinen Schlosshof
Tram: Altmarkt, Postplatz
☎ (03 51) 49 14 20 00
www.skd.museum
Neues Grünes Gewölbe: tägl. außer Di 10–17 Uhr, Eintritt € 14/10,50 (Tageskarte Residenzschloss), bis 16 J. frei
Historisches Grünes Gewölbe: tägl. außer Di 10–17 Uhr, Eintritt € 12/9 (Zeitticket obligatorisch, inkl. Audioguide), bis 16 J. frei, die Zeittickets gibt es im Vorverkauf (telefonisch oder online), ein Restkontingent für den aktuellen Tag wird vor Ort verkauft

Schau der Superlative

GEMÄLDEGALERIE ALTE MEISTER

Dresden, Sachsen

Was darf es sein? Veduten von Canaletto. Die »Sixtinische Madonna«, ein Hauptwerk von Raffael (1513). Rembrandts »Selbstbildnis mit Saskia« oder »Ganymed in den Fängen des Adlers«. Veronese, Velázquez, Tizian. Italienische Malerei. Französische Malerei. Flämische Gemälde, etwa von Peter Paul Rubens. Holländische Malerei des 17. Jahrhunderts. Oder doch altdeutsche Maler von Dürer bis zu Holbein dem Jüngeren. Was immer, die Gemäldegalerie Alte Meister im Semperbau (1865) des Dresdner Zwingers hat es.

Hier findet sich eine der reichsten Sammlungen von Meisterwerken aus dem 15. bis 18. Jahrhundert, weltberühmt und unersetzlich, deshalb unter besonderem Schutz. Vor allem

Raffaels »Sixtinische Madonna« (1513/14) in der Gemäldegalerie Alter Meister Dresden.

die umfangreiche Sammlung altitalienischer Malerei ist einzigartig. Die Galerie verfügt auch über die weltweit größte Sammlung an Cranach-Gemälden, von Cranach dem Älteren und dem Jüngeren.

Begonnen mit der Sammlung hat um 1560 Kurfürst August, seine Kunstkammer war der Grundstock. Aber erst sein Nachfahre August der Starke erweiterte sie Ende des 17. Jahrhunderts systematisch durch Ankäufe. Seine ausgesandten Agenten spionierten die besten Werke aus, verhandelten geschickt und holten die Bilder nach Dresden. Dem kunstbesessenen Kurfürsten verdankt die Stadt ihr Renommee.

Das Besondere der Sammlung ist ihre Geschlossenheit über große Zeiträume hinweg. Im Dresdner Bombeninferno von 1945 verbrannten 154 der kostbaren Bilder. Viele der ausgelagerten Werke wurden in die Sowjetunion gebracht, erst 1955 kehrte ein Teil der Gemälde nach Dresden zurück.

Gezeigt werden sie seit den 1960er Jahren in dem Galeriegebäude von Gottfried Semper, das den Zwinger zur Elbe hin abschließt. Nach umfassender Sanierung wurde die Galerie 1992 neu eröffnet. Die bedeutenden Gemälde werden auf drei Stockwerken präsentiert. Eine Schau der Superlative, die man gesehen haben muss.

INFO: In der Altstadt gelegen. **INFO GEMÄLDEGALERIE ALTE MEISTER:** Schinkelwache, Theaterplatz 1 (gegenüber Residenzschloss), 01067 Dresden, Tel. (03 51) 49 14 20 00, http://gemaeldegalerie.skd.museum, Öffnungszeiten Di–So 10–17 Uhr, Eintritt € 14, ermäßigt € 10,50, bis 16 J. frei.

»Raub der Sabinerin« (Elfenbein, 17. Jh.) im Grünen Gewölbe der Dresdner Residenz

Das Grüne Gewölbe gilt als die reichhaltigste Schatzkammer Europas. »In Dresden hat man vor allen Dingen dahin zu trachten, dass man das Grüne Gewölbe zu sehen bekomme«, heißt es schon 1741 in Keysslers Reiseführer.

Der größte Teil der einzigartigen Preziosensammlung kam ab 1721 in die kurfürstliche Schatzkammer. August der Starke gilt als einer der ersten Museologen; als erster Fürst teilte er seine Sammlungen nach Gattungen auf und öffnete seine Schatzkammer dem Publikum. In den Wirren des 20. Jh. absolvierten die Kleinodien abenteuerliche Wege: Nach Kriegsende in die Sowjetunion verbracht, kehrten sie 1958 zurück.

Das **Neue Grüne Gewölbe** zeigt mehr als 1000 Exponate in einer raffinierten Licht- und Farbgestaltung. Die über 3000 Meisterwerke der Juwelier- und Goldschmiedekunst des **Historischen Grünen Gewölbes** werden seit 2006 wie zu augusteischen Zeiten dargeboten: ohne Vitrinen, vor prächtigen Schauwänden. Die Sicherheitstechnik ist auf dem neuesten Stand, pro Stunde werden maximal 100 Personen eingelassen.

Karl-May-Museum bB3

Karl-May-Str. 5, Radebeul
S 1: Radebeul-Ost, dann Tram 4: Wasastraße
℡ (03 51) 837 30 10
www.karl-may-museum.de
Tägl. außer Mo 10–16 Uhr
Eintritt € 9/7, Kinder (4–16 J.) € 3, Familienkarte € 20

Bibliothek im Karl-May-Museum: Hier ist der Geist des sächsischen Schriftstellers allgegenwärtig

KARL-MAY-MUSEUM

Radebeul, Sachsen

Wer Silberbüchse, Bärentöter und Henrystutzen, die Gewehre der Romanhelden Winnetou und Old Shatterhand, im Original sehen will, findet diese legendären Waffen im Radebeuler Karl-May-Museum.

Empfangssalon, Arbeitszimmer und Bibliothek des Schriftstellers (1842–1912) in der Villa Shatterhand sind historisch getreu restauriert und mit dem originalen Inventar ausgestattet. Die Einrichtung des Arbeitszimmers von 1896 – ein ausgestopfter Löwe, Bärenfelle, exotische Wandbehänge, zahlreiche Waffen und andere fremdländische Gegenstände – sollte keinen Zweifel daran lassen, dass hier ein weitgereister und welterfahrener Mann saß, an einem Schreibtisch, der genau für seine Körperhöhe angefertigt worden war.

»Winnetou und Old Shatterhand sind Sachsen«: Karl-May-Museum Radebeul.

Das Wirken des Schriftstellers, dessen Abenteuererzählungen in mehr als 30 Sprachen übersetzt wurden, wird anhand zahlreicher Originale sowie bibliografisch-literarischer Exponate vermittelt. Das idyllische Wildwest-Blockhaus Villa Bärenfett, das im Dezember 1928 eröffnet wurde, zeigt eine inzwischen weltbekannte Ausstellung über die Indianer Nordamerikas. Mehr als sieben Millionen Besucher haben bereits die 850 Ausstellungsstücke wie Halsketten aus Zähnen und Krallen eines Grizzly, eine Friedenspfeife oder einen Medizinbeutel gesehen.

Das Leben der Indianer von der vorkolumbischen Zeit bis zur Gegenwart wird anschaulich erläutert. Bereits Anfang des 20. Jahrhunderts waren die mittlerweile vielfach erweiterten Ausstellungen im Blockhaus sowie im Wohnhaus Shatterhand eine Sensation. »Schon das Vestibül bildete ein kleines Museum von Sehenswürdigkeiten aus aller Herren Länder«, wusste der Reiseschriftsteller Franz Sättler zu erzählen: »Ich sah hier kostbare Waffen, ein orientalisches Reitgeschirr, ein mexikanisches Lasso, Vorhänge mit gold- und silbergewirkten Inschriften, einen mohammedanischen Rosenkranz mit sämtlichen Beinamen Allahs (...).«

Radebeul liegt an der Sächsischen Weinstraße. Weinliebhaber wandern durch die Weinberge zu den Schlössern Hoflößnitz und Wackerbarths Ruh.

INFO: Radebeul liegt ca. 10 km nordwestlich vom Dresdner Zentrum. **INFO KARL-MAY-MUSEUM:** 01445 Radebeul, Tel. (03 51) 837 30 10, www.karl-may-museum.de, Öffnungszeiten Di–So 10–16 Uhr, Eintritt € 9, ermäßigt € 7, Kinder € 3, bis 3 J. frei.

*Im Kunsthaus gibt es
zeitgenössische Kunst
zu begutachten*

Von 1896–1912 lebte Karl May in Radebeul. Das Museum beherbergt Dokumente, Möbel und Privates aus dem Nachlass und befindet sich im ehemaligen Wohnhaus, der »Villa Shatterhand«. In der angrenzenden Blockhütte »Villa Bärenfett« kann man eine Sammlung indianischer Kulturgegenstände bestaunen. Auf diesem Areal ist der Geist des Mannes lebendig, der so gern Weltenbummler gewesen wäre und, weil das in der Zeit vor dem Flugzeug als Massentransportmittel nicht möglich war, zumindest seine Phantasie reisen ließ.

Kunstgewerbemuseum
Vgl. S. 43 ff.

Kunsthaus Dresden ➡ aB3
Rähnitzgasse 8, Tram: Palaisplatz
✆ (03 51) 488 89 75, www.kunsthausdresden.de
Di–Do 14–19, Fr–So, Fei 11–19 Uhr

Eintritt € 4/2,50, Fr frei

2004 wurde den Dresdnern ein Schock versetzt. Im Kunsthaus wurde eine Ausstellung zum Thema Atomkrieg gezeigt. Dabei kam heraus, dass Walter Weidauer, während des Zweiten Weltkriegs Dresdner Oberbürgermeister, hinter vorgehaltener Hand mitgeteilt worden war, 1944 hätte es ernsthafte US-amerikanische Pläne gegeben, über der Elbestadt die Atombombe abzuwerfen, die später auf Hiroshima fiel. Damit sollte das Deutsche Reich gezwungen werden, sämtliche Kriegshandlungen einzustellen. Dresden wurde aber, wie bekannt, im Februar 1945 mit konventioneller Militärtechnik und ohne Atombombe vernichtet.

Das Kunsthaus Dresden im schönsten Teil der Neustadt zeigt vorwiegend moderne und zeitgenössische Kunst und arbeitet intensiv mit US-amerikanischen, vor allem New Yorker Museumsinstitutionen zusammen. Damit wird in einer Stadt, die von ihren altehrwürdigen Museumsschätzen zehrt wie keine andere in Deutschland, ein Kontrastprogrammpunkt gesetzt: Die Städtische Galerie für Gegenwartskunst beschäftigt sich u. a. mit Stadtplanung und Kunst im öffentlichen Raum.

❻ Kupferstich-Kabinett ➡ aC3

Residenzschloss, 3. Obergeschoss, Taschenberg 2
Eingang Sophienstraße, Kleiner Schlosshof
Tram: Altmarkt, Postplatz
☎ (03 51) 49 14 20 00, www.skd.museum
Tägl. außer Di 10–17 Uhr, Eintritt € 6/4,50, bis 16 J. frei, Tageskarte für Residenzschloss € 14/10,50

Mit dem Einzug des Kupferstich-Kabinetts im Sommer 2004 wurde die Dresdner Residenz zum Museumsschloss. 40 Jahre war das Kabinett im Kunstgewerbemuseum untergebracht.

Rund 510 000 Zeichnungen, Fotografien und Druckgrafiken besitzt das Kupferstich-Kabinett, eine der größten Sammlungen dieser Art weltweit. Am gleichen Ort hatte August der Starke 1560 seine Kunstkammer eingerichtet, in der er das Weltwissen seiner Zeit versammeln wollte. Das Kabinett wurde zur Keimzelle für alle weiteren Sammlungen, heute aufgeteilt in zwölf Museen. Das Kabinett besitzt einen Querschnitt kostbarer Werke aus sechs Jahrhunderten. Dazu gehören die einzige Jan van Eyck zugeschriebene Zeichnung aus eigener Hand und die Mappe »Elles« mit Lithographien von Toulouse-Lautrec, aber auch Bilder von Rubens, Rembrandt, Munch, Kirchner und Arbeiten von zeitgenössischen Künstlern. Gleichzeitig beweist die Sammlung mit Werken aus China und Japan, die bis zu 450 Jahre alt sind, ihre globale Ausrichtung.

Leonhardi-Museum ➡ F13
Grundstr. 26
Tram: Nürnberger Platz, dann Bus 61: Körnerplatz
✆ (03 51) 268 35 13, www.leonhardi-museum.de
Di–Fr 14–18, Sa/So 10–18 Uhr
Eintritt € 4/2,50, Familienticket € 6
Das Leonhardi-Museum, reizvoll gelegen im Loschwitzgrund nahe dem Blauen Wunder, geht auf den Stifter des Hauses und Gründer des Museums Eduard Leonhardi (1828–1905) zurück. Der Schüler von Ludwig Richter war ein bekannter Landschaftsmaler, seine Bilder werden in einer Dauerpräsentation im Leonhardi-Atelier gezeigt. Aber davon abgesehen versteht sich das Haus als »Galerie für zeitgenössische Kunst«. Seit den 1970er Jahren ist der zeitgenössische Kunstraum bekannt als Treffpunkt und Labor der Avantgarde sowie zugleich als Pflegestätte spätromantischen Schaffens.

Mathematisch-Physikalischer Salon
Vgl. S. 122.

Ausstellung im Leonhardi-Museum

Das von Daniel Libeskind neu gestaltete Militärhistorische Museum

Militärhistorisches Museum der Bundeswehr ➡ B7
Olbrichtplatz 2
Tram: Stauffenbergallee/Militärhistorisches Museum
℡ (0351) 823 28 03, www.mhmbundeswehr.de
Mo 10–21, Di–So 10–18 Uhr
Eintritt € 5/3, bis 18 J. frei, Familienticket € 7
In dem klassizistischen, um 1870 von einem Semper-Schüler errichteten Gebäude war ehemals das NVA-Museum untergebracht. Inzwischen ragt einem Schiffsbug ähnlich ein hoher Stahlkeil wie eine Rakete aus dem Baukörper. Die Spitze des Keils zeigt symbolisch auf ein jenseits der Elbe gelegenes Stadion, über dem die Bomberflotten der Alliierten zur Orientierung die ersten Phosphorbomben, genannt »Christbäume«, abwarfen.

Der renommierte New Yorker Architekt Daniel Libeskind hat den Bau umgestaltet. Mit 19 000 m² Ausstellungsfläche ist es eines der größten historischen Museen Deutschlands. Militärgeschichte wird nicht chronologisch, sondern in überraschenden Themenblöcken dargestellt.

Dort, wo früher Panzer und Kanonen auf Podesten standen und das Soldatentum heroisiert wurde, werden jetzt die Wörter »Liebe« und »Hass« auf Wände projiziert. Gezeigt wird groteskes Kriegsspielzeug wie Gondeln in Düsenjäger- und Raketenwerfergestalt, Bomben hängen an unsichtbaren Seilen und die Kulturgeschichte der Gewalt ist Thema. Statt Militaria zu verherrlichen, geht es um Gewalt und Gesellschaft. Im Altbau wird die Geschichte der Gewalt chronologisch dargestellt, hier findet man Uniformen, U-Boote etc.

*Arbeitsräume des Malers
Gerhard von Kügelgen*

Der Neubau kommt ohne Waffen aus, hier wird mit Malerei und Fotografie, Mode und Kunst die Beziehung zwischen Zivil- und Militärgesellschaft erörtert. Auch die Themen Tod, Selbstmord, Tierversuche spielen eine Rolle.

Die New York Times hat mehrfach über das ungewöhnliche Militärmuseum berichtet und es als Reiseziel empfohlen. Die Aussichtsplattform bietet einen grandiosen Blick auf die Stadt.

Münzkabinett
Vgl. Residenzschloss, S. 113 ff.

Museum der Dresdner Romantik/Kügelgenhaus
➡ aB4
Hauptstr. 13, Tram: Neustädter Markt
✆ (0351) 804 47 60, www.stmd.de
Mi–Fr 10–17, Sa/So 12–17 Uhr, Eintritt € 4/3, Fr ab 12 Uhr frei
Es trägt den Namen seines prominentesten Bewohners, des Malers Gerhard von Kügelgen. Ab Beginn des 19. Jh. trafen sich hier Künstler der Dresdner Romantik. Gemälde, Möbel und Dokumente stammen aus dieser Zeit.

Museum für Sächsische Volkskunst und Puppentheatersammlung ➡ aB4
Köpckestr. 1, Tram: Carolaplatz
✆ (0351) 49 14 20 00, www.skd.museum
Tägl. außer Mo 10–18 Uhr
Eintritt € 5/4, bis 16 J. frei

Für den Gelehrten Iccander war das Gebäude im 17. Jh. eines der sieben Wunder Dresdens (erbaut 1568–1617). Der Kurfürst nutzte es als Jagdschloss, im 19. Jh. war es eine Kaserne. Als man es abzureißen begann, trat der Volkskundler Oskar Seyffert auf den Plan. Durch sein Bemühen wurde der schönste Teil, der Westflügel mit Renaissancegiebel, gerettet. 1913 begründete er darin das erste deutsche Volkskunstmuseum mit überwiegend sächsischen Exponaten. Neben Hausrat und Kleidung gibt es Holzschnitzereien aus dem Erzgebirge und sehr altes Spielzeug zu sehen.

Die **Puppentheatersammlung** gehört mit mehr als 50 000 Einzelstücken aus Deutschland, Europa und Asien zu den größten ihrer Art weltweit. Sie zeigt 200 Jahre alte Marionetten, Handpuppen von Jahrmärkten und Theaterfiguren. Besonders wertvoll sind die Bestände mehrerer mechanischer Welttheater des 19. Jh. *(Theatrum mundi)*, wie sie in dieser Qualität und Vielfalt in Europa nur sehr selten zu sehen sind.

Museum für Völkerkunde/Japanisches Palais ➡ aB3
Palaisplatz 11, Tram: Palaisplatz
℗ (03 51) 49 14 20 00, www.skd.museum
Mo–Fr 14–18, Sa/So 11–18 Uhr, Eintritt frei
Unter August dem Starken war das Palais – ein Glanzpunkt der Dresdner Barockarchitektur – ab 1731 ein Porzellanmuseum. Die fernöstlich geschweiften Dächer

Blick auf das Japanische Palais an einem sonnigen Tag

verweisen auf den »Flirt« des Königs mit den Asiaten. Heute birgt es u. a. das Museum für Völkerkunde. Vor dem Palaisgarten steht das Denkmal des ersten Sachsenkönigs Friedrich August I.

Porzellansammlung ➡ aC2/3
Am Zwinger, Sophienstr. 1
Tram: Postplatz, Theaterplatz
✆ (03 51) 49 14 20 00, www.skd.museum
Tägl. außer Mo 10–17 Uhr, Eintritt € 6/4,50, bis 16 J. frei, Eintritt im Zwingerticket (€ 14/10,50) enthalten
Johann Friedrich Böttger war ein arger Schwätzer, das wurde ihm zum Verhängnis. Der Apothekergehilfe prahlte, Gold herstellen zu können. August der Starke ließ ihn 1701 in Gewahrsam nehmen, er sollte beweisen, was er wirklich konnte. Er brauchte Jahre, dann erfand er das Porzellan, das zuvor schon in China erfunden worden war. Böttger konnte seinen Triumph nicht lange auskosten, aufgrund der schlechten Unterbringung in Haft starb er bald. 1710 nahm die Porzellanmanufaktur in Meißen ihren Betrieb auf.

Etwa 20 000 Porzellane werden gezeigt, darunter auch die berüchtigten »Dragonervasen«; August hatte es 1717 tatsächlich fertiggebracht, 600 Soldaten gegen 151 weißblau bemalte chinesische Deckelvasen aus dem Besitz Friedrich Wilhelms I. von Preußen zu tauschen.

Das Glockenspiel aus Meissener Porzellan (links) und der Porzellanpavillon im Dresdner Zwinger

*Die rekonstruierten Wohn-
räume Richard Wagners im
Lohengrinhaus*

Richard-Wagner-Stätten ➡ bC5/6
Richard-Wagner-Str. 6, 01796 Pirna, Ortsteil Graupa
Bus 83: ab Schillerplatz bis Graupa Tschaikowskiplatz
✆ (035 01) 461 96 50, www.wagnerstaetten.de
Di–Fr 11–17, Sa/So/Fei 10–18 (Nov.–Gründonnerstag bis
17) Uhr, Eintritt € 7/4, bis 18 J. frei
Richard Wagner wurde 1813 in Leipzig geboren und
besuchte in Dresden die Kreuzschule. Als er 1842 in
Paris von der Dresdner Hofoper die Nachricht bekam,
dass man seine Oper Rienzi aufführen wolle, zog er
von der Seine nach Dresden. 1843 wurde er zum Königlich-Sächsischen Kapellmeister an der Dresdner Hofoper
ernannt und konnte dort auch sein Werk »Der fliegende Holländer« zur Uraufführung bringen. Während
eines Urlaubs in Graupa komponierte er den Lohengrin.
Im Zuge der Märzrevolution lernte er den russischen
Anarchisten Bakunin kennen, beteiligte sich 1849 am
Dresdner Maiaufstand, wurde wie sein Freund Gottfried Semper steckbrieflich gesucht und musste fliehen.
  Mit Blick auf den 200. Geburtstag Richard Wagners
im Jahr 2013 wurde das Lohengrinhaus saniert. Neben
dem Saal im Erdgeschoss, in dem eine Ausstellung zum
Thema »Wagners Oper Lohengrin« präsentiert wird,
erleben Besucher die authentisch nachgestalteten
Wagnerräume mit Hörstationen zum Aufenthalt des
Komponisten in Graupa. Im nahe gelegenen Schloss
wurde eine multimediale Ausstellung zu Leben und
Schaffen Wagners eröffnet. Der Wagner-Kulturpfad
mit Infotafeln zu Lebensstationen Wagners führt durch
den Schlosspark.

Dresdens kleinstes Museum:
das Schillerhäuschen

Rüstkammer
Vgl. Residenzschloss, S. 113 ff.

Schillerhäuschen ➡ F13
Schillerstr. 19
Tram: Schillerplatz, Bus 61, 63, 84: Körnerplatz
✆ (03 51) 48 88 72 72
www.stmd.de
April–Sept. Sa/So 10–17 Uhr, Eintritt frei
In dem Gartenhäuschen am oberen Rand des ehemals Körner'schen Loschwitzer Weinbergs hat sich der Dichter Friedrich Schiller gelegentlich aufgehalten, als er zwischen September 1785 und Juli 1787 als Gast von Christian Gottfried und Minna Körner in Dresden lebte und meist auf dem Loschwitzer Weingut wohnte. Hier entstand die »Ode an die Freude«, das Loblied auf Humanität und Freundschaft – heute der Text der Hymne des vereinten Europa. Bereits 1855, im Jahr von Schillers 50. Todestag, wurde an der Straßenseite des Gebäudes eine Gedenktafel angebracht, acht Jahre später wurde das Schillerhäuschen als Gedenkstätte eingeweiht.

Porträt Friedrich Schillers
(1808/09) von Gerhard von
Kügelgen

Skulpturensammlung
Vgl. Albertinum, S. 70 f.

Stadtmuseum Dresden mit Städtischer Galerie
➡ aD4
Wilsdruffer Str. 2, Tram: Pirnaischer Platz
✆ (03 51) 488 73 02, 488 72 72
www.stmd.de, https://galerie-dresden.de

Tägl. außer Mo 10–18, Fr bis 19 Uhr
Eintritt € 5/4, Familienticket € 12
Der Architekt Friedrich August Krubsacius schuf das
barocke Repräsentationsgebäude zwischen 1770 und
1775. Es wurde im Zweiten Weltkrieg zerstört, später
wiederaufgebaut und ist seit 1965 Stadtmuseum. Mittlerweile wurde es aufwendig umgebaut und im Innern
mit einer modernen Stahlkonstruktion versehen. Es beherbergt eine Dauerausstellung zur über 800-jährigen
Geschichte Dresdens, die mit eindrucksvollen Zeitzeug-
nissen informiert. Untergebracht ist hier auch die aus
den Museumsbeständen gewachsene Städtische Galerie.

*Ausstellungsraum des
Stadtmuseums*

Technische Sammlungen ➡ H11

Junghansstr. 1–3, Tram, Bus 61: Pohlandplatz
✆ (03 51) 488 72 72, www.tsd.de
Di–Fr 9–17, Sa/So/Fei 10–18 Uhr
Eintritt € 5/4, Familienticket € 12
In diesem interaktiven Museum können Besucher eine
Uhr basteln oder ihre innere Uhr testen und erfahren,
ob sie zu den Nachteulen oder den Morgenlerchen
gehören. Wechselnde Erlebnis-Ausstellungen ste-
hen neben einem lückenlosen Bestand an Foto- und
Filmtechnik im Mittelpunkt. Ganzjährig kann der zur
Anlage gehörende **Ernemannturm** bestiegen werden
(tägl. außer Mo 10–18 Uhr), um aus luftiger Höhe einen
Panoramablick über die Elbstadt zu gewinnen.

*Technische Sammlungen
und Ernemannturm*

Deutsches Uhrenmuseum Glashütte ➡ südl. bE4
Schillerstraße 3 A, 01768 Glashütte/Sachsen
S2: Dresden-Dobritz, dann Bus 386: Glashütte Bahnhof
✆ (03 50 53) 46 12 102
www.uhrenmuseum-glashuette.com
Tägl. 10–17 Uhr (mögliche Abweichungen vgl. Website)
Eintritt € 7/4,50
Seit dem Jahr 1845 steht der Name Glashütte für
höchste Uhrmacherkunst. Das Deutsche Uhrenmuseum
Glashütte – 30 km entfernt von Dresden – gibt einen
Überblick über die Anfänge dieser langen Tradition bis
zur Gegenwart mit aktuell neun Glashütter Uhrenher-
stellern. Auf rund 1000 m² zeigt die Ausstellung über
500 teils einmalige Glashütter Taschen-, Armband- und
Pendeluhren sowie zahlreiche weitere Exponate, die
den Besuchern die Entwicklung der sächsischen Klein-
stadt zu einem der weltweit führenden Uhrenzentren
näherbringen.

Verkehrsmuseum Dresden ➡ aC3
Augustusstr. 1,
Tram: Altmarkt, Pirnaischer Platz
✆ (03 51) 864 40
www.verkehrsmuseum-dresden.de
Tägl. außer Mo 10–18 Uhr, Eintritt € 9/4, bis 5 J. frei
Im ältesten Ausstellungsgebäude Dresdens »parkten«
einst die sächsischen Kurfürsten und Könige ihre Kut-
schen und Pferde. Auf 5000 m² wird eine einzigartige
Fahrzeugvielfalt präsentiert: Lokomotiven, Automobile
aller Epochen, Klassiker und Raritäten des Motorrad-
und Fahrradbaus, legendäre Luftfahrzeuge und Schiffe.
Besucher erfahren, wie sich die Mobilität im Laufe der
Jahrhunderte rasant verändert hat.

Die Ausstellung führt durch 200 Jahre Luftfahrtgeschichte – von den ersten Ballonauf- stiegen bis zu den modernen Ferienfliegern

Monumental:
die astronomische
Kunstuhr im
Deutschen Uhren-
museum Glashütte

»Dresden im Barock« bietet im Panometer Geschichte zum Anfassen

Architektur und andere Sehenswürdigkeiten

Altmarkt ➡ aD3
Der mittelalterliche Platz wurde nach schweren Kriegs-
zerstörungen in den 1950er Jahren allmählich wieder
bebaut. Der Kulturpalast an der Nordseite wird u. a. als
Konzertsaal der Dresdner Philharmonie genutzt. Nach
der Wende begann die bauliche Verdichtung des Altmarkts. Es entstanden Büro- und Kaufhäuser, teilweise
mit Sandsteinfassaden, strengem Fensterraster und
doppelgeschossigen Pfeilerarkaden und zinnenartig
angeordneten Mansarden, Walmdächern und memo-
rierenden Dachaufbauten, die sich mit ihren Anklän-
gen an das Dresdner Barock deutlich am historischen
Vorbild orientieren. Hier gelangen der modernen Architektur Bauten mit individueller Note, selbst Straßen
und Gassen sind neu entstanden.

Asisi Panometer ➡ L10
Gasanstaltstr. 8 B
S1, S2: Dresden-Reick, Bus 64: Nätherstraße/Panometer
✆ (03 51) 48 64 42 42, www.asisi.de
Mo–Fr 10–17, Sa/So/Fei 10–18 Uhr
Eintritt € 11,50/6, Familienticket € 29
Der vom Berliner Künstler Yadegar Asisi umgebaute
ehemalige Gasspeicher bietet im 360-Grad-Panorama
eine faszinierende visuelle und akustische Zeitreise
durch das Dresden der letzten Jahrhunderte. Jeweils
im ersten Halbjahr thematisiert die Ausstellung das
»Dresden 1945«, im zweiten heißt der Titel »Dresden

Weltgrößte Panoramen im alten Gasometer

Nach dem Untergang des Bergbaus und durch die Verwendung von Erdgas wurden viele alte Gasspeicher überflüssig und abgerissen. Vor wenigen Jahrzehnten entdeckte man den kulturellen Wert der mächtigen Rundbauten als architektonische Symbole einer untergegangenen Industrie-Epoche. Seither versucht man an verschiedenen Standorten die alten Gasometer in neue Kulturprojekte einzubeziehen, durch Ausstellungen, Klang- und Lichtinstallationen wie im Gasometer Oberhausen, oder aber man nutzt den Raum ganz praktisch wie im Landschaftspark Duisburg-Nord, wo man im Gasometer eine Unterwasserwelt für Taucher eingerichtet hat.

Für den historischen Gasspeicher in Dresden-Reick konnte man den Berliner Künstler Yadegar Asisi gewinnen, der hier seit 2003 die größten Panoramen der Welt realisiert. Er nennt sie »Panometer«, eine Kombination aus Panorama und Gasometer. In seiner Kunst überführt er nach eigenen Aussagen »das historische Panoramagemälde als Massenunterhaltung des 19. Jahrhunderts mit Hilfe von bearbeiteter Fotografie ins digitale Zeitalter«. Derzeit sind zwei Panometer im Wechsel zu sehen: »Dresden 1945« nach der Zerstörung und das prachtvolle »Dresden im Barock«.

Im alten Gasometer ist heute das Asisi Panometer untergebracht

im Barock«. Die historischen Straßen und Stadtbilder wirken wie echt.

Von der 15 m hohen Plattform öffnet sich ein weiter Blick über die Bürgerhäuser, Kirchen und Gartenanlagen der Residenzstadt, als stünde man auf dem Turm der katholischen Hofkirche.

➒ Blaues Wunder ➡ F12/13

Tram: Schillerplatz, Bus 61, 63, 84: Körnerplatz
Dresdens berühmteste Brücke verbindet die Stadtteile Loschwitz und Blasewitz. Die Loschwitzer Brücke ist eine technische Meisterleistung aus dem letzten Jahrzehnt des 19. Jh. und blieb im Zweiten Weltkrieg unversehrt. Das Bauwerk aus Stahl war die erste Brücke, die einen so breiten Fluss ohne Strompfeiler überspannte.

➌ Brühlsche Terrasse ➡ aC3/4

Tram: Altmarkt
✆ (03 51) 438 37 03 57, www.festung-xperience.de
Ausstellung tägl. 10–18 Uhr, Eintritt € 10/3
Die Brühlsche Terrasse mit ihrer breiten Freitreppe ist eine der populärsten ihrer Art in Europa. Von hier aus

Dresden von seiner schönsten Seite: die Brühlsche Terrasse

Die Loschwitzer Brücke, das »Blaue Wunder«

ist der Blick auf die Elbe und die Neustädter Seite spektakulär. Noch im 16. Jh. gehörte sie zur Stadtbefestigung. Der vorspringende Ostteil und die Grünanlagen hießen damals Jungfernbastei. Ihren Namen verdankt sie dem Grafen Heinrich von Brühl (1700–63), einem engen Vertrauten von Kurfürst Friedrich August II. Als Generaldirektor der Kunstsammlungen, Minister des Auswärtigen Amtes und zuletzt Premierminister bekam er das Gelände geschenkt und verwandelte es 1738 in einen privaten Lustgarten. Erst 1814 wurde der Brühlsche Garten zur öffentlichen Nutzung freigegeben.

Im Innern der ehemaligen Festungsmauer befinden sich die **Kasematten** sowie ein um 1589 mit Ziegeln vermauertes Stadttor. In den Gewölben experimentierte der »Goldmacher« und Erfinder des Meissener Porzellans, Johann Friedrich Böttger, zu Beginn des 18. Jh. in seiner Schmelzküche. 2019 wurde die Festung mit der Ausstellung »Feste. Dramen. Katastrophen. So nah wie nie« nach Sanierung wiedereröffnet.

Dreikönigskirche ➡ aA4
Hauptstr. 23, Tram: Neustädter Markt
✆ (03 51) 812 40, www.hdk-dkk.de
März–Okt. Di 11.30–16, Mi–Sa 11–17, So/Fei 11.30–17, Nov.–Feb. Mi 12–16, Do–Sa 10–16, So/Fei 11.30–16.30 Uhr
Eintritt Turm € 5/1,50
Das barocke Gotteshaus wurde an Stelle einer früheren Kirche 1732–39 nach dem Entwurf von Matthäus Daniel Pöppelmann und George Bähr errichtet. Der Turm ist 85,5 m hoch und begehbar. Der Barockaltar

Im Dreieck zwischen dem Goldenen Reiter, der historischen Königstraße und dem Albertplatz liegt das Barockviertel mit der Dreikönigskirche

stammt von Johann Benjamin Thomae, das steinerne Relief zeigt den »Dresdner Totentanz« von Christoph Walther (1534) mit 27 Figuren in vier Gruppen.

❷ Frauenkirche ➡ aC3/4
Neumarkt, Tram: Altmarkt
✆ (03 51) 656 06-100
www.frauenkirche-dresden.de
Kirche: Mo–Fr 10–12 und 13–18 Uhr, Sa/So unregelmäßig (vgl. Website), Eintritt frei
Kuppelaufstieg: Mo–Sa 10–18, So 12.30–18, Nov.–Feb. jeweils nur bis 16 Uhr, Eintritt € 8/5, Familienticket € 20
Ticketservice: Georg-Treu-Platz 3, Mo–Fr 9–18, Sa 9–15 Uhr
Nach Entwürfen von George Bähr 1726–43 errichtet, war die Frauenkirche einer der wichtigsten protestan-

Trümmersteine im neuen Glanz

FRAUENKIRCHE

Dresden, Sachsen

Mit der Frauenkirche übersetzte Baumeister George Bähr Martin Luthers Glaubensverständnis in Stein: Der Zentralbau liegt unter einer gewaltigen, glockenförmigen Kuppel, die mit einem Durchmesser von 24 Metern als die größte steinerneKuppel nördlich der Alpen gilt und über 12 000 Tonnen wiegt. Der Eindruck einer Glocke vermittelt sich durch die im unteren Teil nach innen gewölbte Form und ist weltweit einzigartig. Bekrönt wird die imposante Kuppel von der sogenannten Laterne, in der sich die Aussichtsplattform befindet.

Bekannter noch als die einzigartige Architektur ist die Geschichte der ursprünglich zwischen 1726 bis 1743 errichteten Frauenkirche, insbesondere die ihres Wiederaufbaus. Im Zuge der Luftangriffe auf Dresden wurde das barocke Gotteshaus, einer der größten Sandsteinbauten der Welt, in der Nacht vom 13. zum 14. Februar 1945 durch den in Dresden wütenden Feuersturm schwer beschädigt. Erst thronte die Kuppel noch über der brennenden Kirche, doch dann gaben die Pfeiler nach, die Kuppel stürzte herab und das Gebäude fiel ausgebrannt in sich zusammen. Ein Ereignis von großer Symbolkraft.

Der Trümmerberg im Stadtzentrum blieb zu Zeiten der DDR als Mahnmal erhalten. Der Wiederaufbau erfolgte von 1996 bis 2005. 115 der insgesamt 180 Millionen Euro kamen durch Spenden aus aller Welt zusammen, was der beeindruckenden Initiative von Bürgern zu verdanken ist. Das ist einzigartig.

Nicht weniger herausragend ist die Art, in der der Wiederaufbau erfolgte: Der Trümmerhaufen wurde Stein für Stein abgetragen und anhand der jeweiligen Lage der Einzelteile ermittelten Experten den ursprünglichen Platz im Gemäuer. Die heutige Frauenkirche besteht zu fast 45 Prozent aus historischem Material, der

Die wiederaufgebaute Frauenkirche prägt die barocke Silhouette Dresdens.

barocke Altar, ein Meisterwerk des Bildhauers Johann Christian Feige, sogar zu 80 Prozent.

Eine Zeremonie von großer Symbolkraft fand im Juni 2004 statt: Zehn Jahre und einen Monat nach dem Setzen des ersten Steins wurde die kupferne Turmhaube mit dem acht Meter hohen Strahlenkreuz auf die Laterne über der Sandsteinkuppel gesetzt – eine Art Auferstehung. Mehr als 60 000 Menschen pilgerten dann zur Weihe im Oktober 2005.

INFO: In der Altstadt gelegen. **INFO FRAUENKIRCHE:** Neumarkt, 01067 Dresden, Tel. (0351) 65 60 61 00, www.frauenkirche-dresden.de, Öffnungszeiten Mo–Fr 10–12 und 13–18 Uhr, Sa/So verkürzte Zeiten, Kuppelaufstieg März–Okt. Mo–Sa 10–18, So 12.30–18, Nov.–Feb. Mo–Sa 10–16, So 12.30–16 Uhr, Ticket € 8, ermäßigt € 5.

Von innen so schön wie von außen: die Frauenkirche

tischen Kirchenbauten in Deutschland. Nach der Zerstörung im Zweiten Weltkrieg wurde die Kirche ab 1993 mit einem Betrag in dreistelliger Millionenhöhe, überwiegend finanziert durch Spenden aus dem In- und Ausland, wieder aufgebaut. Im Sommer 2004 wurde unter großer Anteilnahme die 28 Tonnen schwere kupferne Laternenhaube aufgesetzt, bekrönt von dem strahlend goldenen, neu gefertigten Turmkreuz. Das Kreuz wurde von der britischen Bevölkerung und dem Königshaus gestiftet. Am 30. Oktober 2005 konnte die vollendete Frauenkirche geweiht werden.

Der hohe, schlanke Kirchenbau prägt nun wieder die barocke Silhouette der Stadt. Ein zivilgesellschaftlicher Kraftakt, gebauter Bürgerwille, der in Europa seinesgleichen sucht. Die Dresdner erhielten damit einen wesentlichen Teil der Identität zurück, die durch die verheerende Feuersbrunst vom 13. Februar 1945 verloren gegangen war. Aber der Aufbau wurde auch nach dem Abschluss der Arbeiten an der weltweit berühmten Kirche fortgesetzt. Aufgeteilt in sechs Quadrate entsteht rund um die Frauenkirche eine kleinteilig parzellierte Bürgerstadt – als Pendant zum höfischen Dresden – in einer Mischung aus Rekonstruktion und Nachempfindung in modernen Formen. Vorausgegangen sind umfangreiche bodenarchäologische Grabungen. Eine Stadt, die wegen des deutschen Faschismus beinahe vernichtet wurde, erhält mehr und mehr ihr ursprüngliches Gesicht zurück.

Die Frauenkirche bildet ein Puzzle aus neuen und wiederverwendeten alten Steinen. Einschließlich der Ruinenteile besteht sie zu circa 45 Prozent aus historischem Steinmaterial – 8425 alte Werksteine wurden beim Wiederaufbau integriert. Vom barocken Altar konnten bei der Enttrümmerung fast 2000 Einzelteile geborgen werden, was seine Rekonstruktion ermöglichte.

Die Malereien der Innenkuppel zeigen die vier Evangelisten und die christlichen Tugenden Glaube, Liebe, Hoffnung und Barmherzigkeit. Sie wurden unter schwierigen Bedingungen von dem Dresdner Maler Christoph Wetzel ausgeführt.

Auf der neuen, vielseitigen Orgel können Werke Bachs ebenso authentisch gespielt werden wie orgelsymphonische Werke von César Franck. Eine ganz besondere Attraktion der Frauenkirche ist der Aufstieg zur Kuppel und Aussichtsplattform in 67 m Höhe.

Frauenkirche: Detail der Innenkuppel

Das Riesenrad bietet eine tolle Aussicht auf die Frauenkirche

Blick in die Gläserne Manufaktur

Gläserne Manufaktur → G/H7
Lennéstr. 1–3
Tram: Straßburger Platz
℡ (03 51) 420 44 11, www.glaesernemanufaktur.de
Besucherbereich Mo–Sa 9–17, So 10–17 Uhr, Bistro und
Restaurant, Öffnungszeiten variabel
Eintritt mit Führung € 9/6, Familienticket € 20
Der Abgasskandal bei VW wiegt schwer, der Phaeton
als Oberklassemodell wird nicht mehr gebaut. E-Mobi-
lität ist jetzt angesagt. Die Vorzeige-Produktionsstätte
wird neu ausgerichtet, die Fertigungstechnik auf eine
flexible Montage umgebaut. Beim Rundgang sind
50 interaktive Exponate und Fahrzeuge zu erleben.
Auch eine Probefahrt gehört dazu. Die Gläserne Manufaktur bleibt die modernste Fertigungsstätte von Auto-
mobilen im Premium- und Luxussegment in Europa.
Die präzise Verarbeitung ist zu beobachten. Der Touch-
screen als Car-Figurator soll weltweit der größte sein.

Die außergewöhnliche Architektur der Manufaktur
ist ins Zentrum der historischen Stadt eingebettet und
dient als urbanes Scharnier zwischen Alt und Neu.

Großer Garten → H–K 6–9
Hauptallee 5, Tram: Großer Garten
℡ (03 51) 445 67 20, www.grosser-garten-dresden.de
Führungen April–Okt. Mi 14.30 Uhr, 1 Std., € 4/2
Dresdner Parkeisenbahn April–Okt. tägl. außer Mo

*Die transparenteste Auto-
Fertigungsstätte Europas:
die Gläserne Manufaktur von
Volkswagen*

Großer Garten: Schöne Parkanlage inmitten der Stadt mit dem ältesten Dresdner Barockpalais (links). Durch die circa zwei Quadratkilometer große Grünanlage fährt eine kleine Parkeisenbahn

10–18 Uhr, Sa/So/Fei mit Dampflok, Ticket € 6/3, Familienticket € 9

Dresdens grüne Lunge ist eine der weitläufigsten innerstädtischen Parkanlagen Europas. Hier gibt es etwa 20 Säugetier- und über 100 Vogelarten, darunter seltene Insekten und Lurche sowie die vom Aussterben bedrohten Wendehälse (große Spechtvögel), große Bartfledermäuse, blauflügelige Prachtlibellen und Fischotter.

Auch die Flora bietet hier, mitten im Stadtgebiet, eine bewundernswerte Vielfalt. Es sind extrem gefährdete Pflanzen wie die Tannen-Teufelsklaue, die Mondraute und der Schlangenwurz zu finden. Am benachbarten alten Messegelände steht die »Gläserne Manufaktur« des VW-Konzerns.

Im Schnittpunkt von Haupt- und Querallee befindet sich das barocke **Palais**, das nach seiner Restaurierung als Konzertsaal genutzt wird.

Durch den Großen Garten verlaufen 4,6 km lange Gleise, auf denen seit über 50 Jahren mit 15 km/h die Parkeisenbahn fährt. Sie wird von Schülern betrieben und hat bereits 21 Mio. Passagiere befördert.

Hauptbahnhof ➡ aF2
Wiener Str. 4
Tram: Hauptbahnhof

1950 Tonnen Stahl waren verbaut worden, als 1898 der kombinierte Durchgangs- und Kopfbahnhof eingeweiht wurde. Bis heute gilt er unter deutschen Bahnhofsbauten als besonders interessante Konstruktion. Nach dem Umbau durch Sir Norman Foster steht er auch

*Die historischen Gebäude
der Deutschen Werkstätten
Hellerau, die von Karl Schmidt
gegründet wurden*

für Modernität. Der britische Stararchitekt setzte dem altehrwürdigen Gebäude ein neues weißes Membrandach aus äußerst reißfestem, gummiartigem Gewebe auf. Es lässt je nach Sonnenintensität verschiedene Farbtöne des Tageslichts durchscheinen oder reflektiert es auf der Außenseite. Unmittelbar über den eisernen Bögen der drei Hallen spaltet sich das zeltartige Dach zu schmalen Schlitzen, die den Blick in den Himmel freigeben.

Hellerau (Gartenstadt Dresden-Hellerau) ➡ bA4
Am grünen Zipfel 84, Dresden-Hellerau
Tram: Festspielhaus Hellerau
Deutsche Werkstätten Hellerau
Moritzburger Weg 68
Tram: Festspielhaus Hellerau
✆ (03 51) 21 59 00, www.dwh.de
**Hellerau – Europäisches Zentrum der Künste im
Festspielhaus**
Karl-Liebknecht-Str. 56, Tram: Festspielhaus Hellerau
✆ (03 51) 26 46 20, www.hellerau.org
Besucherzentrum Mo–Sa 11–18, So 13–18 Uhr
Der Inhaber von Deutschlands erster Möbelfabrik, der Tischlermeister Karl Schmidt, konnte den Bedarf an solidem Möbelbau im späten 19. Jh. kaum ausrei-

chend bedienen. Des »Holz-Goethes« Qualitätsware hatte auf Weltausstellungen erste Preise erhalten, seine Gebrauchsgegenstände bereiteten die Kunstrichtung des Bauhauses vor. Deshalb wollte Schmidt Maschinen einsetzen, mehr Arbeiter einstellen und für sie eine eigene Werkssiedlung bauen. Diese wurde ab 1898 in Hellerau als durchdachte Gartenstadt nach englischem Vorbild errichtet. Sie entstand bis 1908 rings um die Deutschen Werkstätten, ihre Schöpfer waren die Architekten Richard Riemerschmid, Hermann Muthesius und Heinrich Tessenow. Gut durchlüftet und hell, in der Anordnung einer Schraubzwinge, dem Symbol der Tischlerzunft.

Damals setzte sich der Reformgedanke durch. Die Dichter Rainer Rilke, Franz Werfel, Oskar Kokoschka, Upton Sinclair, George Bernard Shaw und Franz Kafka kamen und staunten. Das war neu auf dem Kontinent. Das gesamte Areal ist 140 ha groß und denkmalgeschützt. Im Mittelpunkt steht das 1912 von Tessenow vollendete Festspielhaus, ein puristisches Gebäude in strenger Geometrie mit einem Portikus auf vier Pfeilern, Haupthaus und Seitenflügel. In der DDR-Zeit und bis zum Abzug der Sowjets 1993 wurde es militärisch genutzt. Heute offeriert das Festspielhaus moderne Kunstströmungen, vor allem in den Bereichen Musik, Tanz und Performance, viele Uraufführungen, auch tänzerische Experimente bis hin zur computergestützten Kunst (www.cynetart.de).

Nancy-Spero-Saal im Festspielhaus in Hellerau

Innenraum der vom römischen Architekten Gaetano Chiaveri erbauten Hofkirche

Hellerau-Besuchern stehen zwei Lokale zur Verfügung: Das von Riemerschmid gebaute Gasthaus Kaffee Hellerau (Markt 15, http://www.gasthaus-kaffee-hellerau.de, Di–Fr 16–22, Sa 12–22, So 11–21 Uhr) und Schmidt's (Moritzburger Weg 67, www.schmidts-dresden.de, Mo–Fr 11.30–14.30 und 17.30–23, Sa 17–23 Uhr).

❼ Hofkirche ➡ aC3

Schlossstr. 24, Tram: Theaterplatz
℡ (03 51) 31 56 31 38
www.kathedrale-dresden.de, www.bistum-dresden-meissen.de
Mo–Do 9–17, Fr 13–17, Sa 10–17, So 12–16 Uhr
Die ehemalige Katholische Hofkirche, 1980 durch vatikanisches Dekret zur **Kathedrale Sanctissimae Trinitatis** für das Bistum Dresden-Meißen ernannt, brannte 1945 aus; der Turm blieb unversehrt. Die Restaurierung dauerte Jahrzehnte. 78 überlebensgroße Statuen umgeben den römisch-spätbarocken Bau. In den Grufträumen stehen 49 Sarkophage der Wettiner; in einem Gefäß auf der Konsole befindet sich das Herz Augusts des Starken, dessen Leib in Krakau beigesetzt wurde. Die Silbermannorgel überstand nur deshalb den Krieg, weil sie ausgelagert war.

Innere Neustadt ➡ aA/aB 3/4

Kein Quartier in Dresden hat seit 1990 solch tiefgreifende Veränderungen erfahren. Die Innere Neustadt rings um König-, Haupt- und Heinrichstraße sowie Rähnitzgasse beginnt gleich hinter der Augustusbrü-

HOFKIRCHE

Dresden, Sachsen

D er Bau dieser Kathedrale (1738–55) gilt als letzte Höchstleistung des italienischen Barock in Europa. Der Prachtbau verschlang seinerzeit die unglaubliche Summe von einer Million Goldtaler – drei Mal so viel wie die nahezu zur gleichen Zeit entstandene Frauenkirche – und hat wegen seines Fassadenschmucks mit Heiligenfiguren Architekturgeschichte geschrieben. Der Kraftakt dieses Baus sollte ein Zeichen dafür setzen, dass auch im protestantischen Sachsen, dem Kernland von Martin Luthers Reformation, der katholische Glauben praktiziert werden kann.

In Wahrheit war August der Starke 1697 zum alten Glauben zurückgekehrt, um König von Polen werden zu können. Auch der Bauherr der Kirche, Augusts Sohn Friedrich August II., trat zum Katholizismus über, als er Maria Josepha, die Tochter Kaiser Josephs I., heiratete. Da wurde eine prunkvolle Hofkirche schon erwartet. Offiziell trägt die Kathedrale durch ein vatikanisches Dekret seit 1980 den Namen Ss. Trinitatis. Seit der Verlegung des Bischofssitzes von Bautzen nach Dresden ist sie Kathedrale des Bistums Dresden-Meißen. Beim Bombenangriff im Februar 1945 brannte sie aus, der Turm blieb aber unversehrt; die Restaurierung dauerte Jahrzehnte.

Der italienische Baumeister Gaetano Chiaveri war schneller beim Ursprungsbau. 1737 kam er mit seinen Leuten nach Dresden, 1751 wurde die Kirche geweiht. Sie fügt sich harmonisch ein ins Ensemble von Hausmannsturm, Schloss und Augustusbrücke. 85,50 Meter hoch ist der Turm, die Fassade schmücken Heiligenfiguren. Gemessen an der Grundfläche von 4800 Quadratmetern ist die Hofkirche der größte Kirchenbau Sachsens. Sie ist 92 Meter lang und 54 Meter breit. Im Mittelschiff des Kirchenraums gibt es eine Besonderheit, einen

Theaterplatz in Dresden mit der Hofkirche.

Prozessionsumgang – Dresdner Katholiken durften im evangelischen Sachsen nur innerhalb der Kirche eine Prozession durchführen. Einst gab es 18 Altäre, der Figurenschmuck an der Kanzel stammt von Balthasar Permoser, die silbernen Leuchter und das über vier Meter hohe Kruzifix kommen aus der Augsburger Gold- und Silberschmiede von Joseph Ignaz Bauer.

Die Orgel war die letzte, die Gottfried Silbermann vor seinem Tod noch errichten konnte. In der Gruft wird das Herz Augusts des Starken in einer Kapsel aufbewahrt, seine Gebeine ruhen in Krakau.

INFO: In der Altstadt gelegen. **INFO EHEMALIGE HOFKIRCHE – KATHEDRALE SS. TRINITATIS:** Schlossstr. 24, 01067 Dresden, Tel. (03 51) 31 56 31 38, www.bistum-dresden-meissen.de, Öffnungszeiten Mo–Do 9–17, Fr 13–17, Sa 10–17, So 12–16 Uhr, keine Besichtigung während der Gottesdienste, aktuelle Zeiten für Führungen am besten vorher telefonisch erfragen.

cke und hat sich zu einem Nobelviertel gemausert, das mit seinen barocken Plätzen, Gassen und Ecken gleich einem Bilderbuch der Baustile zum Bummeln und Genießen einlädt. Fast jedes Gebäude ist renoviert oder restauriert, viele sind grundlegend erneuert worden.

Die Häuser aus Barock, Klassizismus oder Biedermeier befanden sich teilweise in weit fortgeschrittenem Verfallszustand. Die Funktionäre der DDR ließen das historische Viertel bewusst verkommen, für Lücken lagen Plattenbaupläne vor. Mutige Investoren und die Denkmalpflege haben hier Maßstäbe gesetzt. Es gibt elegante Boutiquen, Wein- und Antiquitätenläden, Kanzleien und zahlreiche Restaurants und Cafés. Erich Kästner, der hier lebte, hätte seine Freude daran!

⑩ Kraftwerk Mitte Dresden ➡ aC1
Wettiner Platz 7
Tram: Bahnhof Mitte
✆ (03 51) 860 41 98, www.kraftwerk-mitte-dresden.de
Eine Industrie-Ikone aus Historismus und Sachlichkeit, nur 800 m vom Zwinger entfernt. Im früheren Dresdner Heizkraftwerk steht das Ensemble aus Bahnstromwerk, Maschinenhalle, Trafohalle und anderen Gebäuden unter Denkmalschutz. Ein Umbau fand in den Innenräumen statt, die seit Ende 2016 von der Staatsoperette Dresden und dem tjg. theater junge generation bespielt werden. In vier Theatersälen stehen den beiden Bühnen 1300 Sitzplätze zur Verfügung.

Blick in das Foyer der beiden Theater im Kraftwerk Mitte Dresden

1 Kreuzkirche ➡ aD3
An der Kreuzkirche 6, Tram: Altmarkt
✆ (03 51) 439 39 20
Kreuzchor ✆ (03 51) 439 39 39
www.kreuzkirche-dresden.de, www.kreuzchor.com
Kirche Mo–Fr 10–18, Sa 10–15, So 12–18 Uhr
Turmaufstieg bis zur Aussichtsplattform in 54 m Höhe
Mo–Fr 10–17.30, Sa 10–14.30, So 12–17.30 Uhr, Eintritt
€ 4/2,50, Familienticket € 8

Der jetzige Kirchenbau hatte am selben Standort drei
Vorgänger: um 1200 die Nikolaikirche, 1235 kam eine
Kreuzkapelle hinzu, in der als Reliquie ein angeblicher
Splitter vom Kreuz Christi aufbewahrt wurde, deshalb
der Name Kreuzkirche. 1491 brannte sie bis auf die
Grundmauern nieder. Nach der Wiedererrichtung
wurde sie im Zuge der in Sachsen einsetzenden Re-
formation Dresdens Pfarrkirche. 1764–92 erhielt das
Gotteshaus die heutige Gestalt.

1897 vernichtete eine Feuersbrunst die gesamte
Innenausstattung der mittlerweile führenden Kirche
des Protestantismus in Sachsen. Bei den Rekonstruk-
tionsarbeiten bis 1900 wurde das neobarocke Innere
unter starker Bezugnahme auf den modernen Jugend-
stil völlig umgestaltet. Bei der Wiederherstellung des
Innenraums nach 1945 wurde dieser bis ins Sparta-
nische vereinfacht.

*Weltberühmt und ebenso
alt wie »seine« Kirche: der
Kreuzchor*

Eingang in die Kunsthofpassage in der Dresdner Neustadt

Kulturpalast ➡ aD3

Schlossstr. 2, Tram: Altmarkt
✆ (03 51) 486 68 66, www.kulturpalast-dresden.de
Städtische Bibliotheken ✆ (03 51) 864 81 01, www.
bibo-dresden.de, tägl. außer So 10–19 Uhr
Totgesagte leben länger. Das Stadtparlament wollte
das 1967–69 erbaute Gebäude als unbeliebte Hinterlas-
senschaft der DDR abreißen. Die Bevölkerung murrte,
es wurde umgeplant. 2013 begann der Umbau nach

Plänen von Gerkan, Marg und Partner, 2017 war Wiedereröffnung. Baukosten: € 89,5 Mio. Der Klangraum ist hochwertig, die Dresdner Philharmonie kann ihre Qualitäten als Spitzenorchester zeigen. 1785 Sitzplätze gibt es im Großen Saal, die Konzertorgel hat 3870 Pfeifen. Zudem beherbergt der Bau eine Zentralbibliothek auf 5463 m^2 Nutzfläche und das Kabarett Herkuleskeule mit 250 Sitzplätzen. Ein modernes Haus der Künste, des Wissens und der Begegnung und Kommunikation.

Funktionale Wasserplastik in der Kunsthofpassage

Kunsthofpassage ➡ D7
Zwischen Alaunstr. 70 und Görlitzer Str. 23–25 im Neustadt-Viertel
Tram: Görlitzer Straße
✆ (03 51) 810 54 08
www.kunsthof-dresden.de
Ein Hinterhof, aber was für einer! Für 10 Mio. Euro wurde ein Areal aus verschiedenen Höfen zwischen zwei parallel verlaufenden Straßen von einer Dresdner Künstlergruppe gestaltet. Es gibt Läden (Schmuck, Mode, Antiquitäten, Kunst, Papeterie), eine Ballettschule, aber hier leben auch Dresdner in 50 Wohnungen. Sie müssen Farbe mögen. Es gibt den Hof der Elemente, der Fabelwesen, des Lichts, der Metamorphosen und der Tiere. Alles ist an den Fassaden abgebildet. Hier ist immer etwas los. Feste, diverse Kursangebote, fünf grundverschieden ausgerichtete Lokale.

Kunstquartier im Neustädter Barockviertel ➡ aA/aB3/4
Obergraben 10 (Zentrale)
✆ (03 51) 252 95 93
https://barockviertel.de
Ein »Brückenschlag«, nämlich die Augustusbrücke, führt von Dresdens Altstadt über die Elbe ins unmittelbar angrenzende Barockviertel, die einstige »Neue Königstadt«, die Wiege Dresdens.
   Der Reiz dieses Areals liegt in der Individualität, die mit Vielfalt gekoppelt ist. Auf dem Streifzug durch das liebevoll restaurierte Viertel mit seinen kleinen Gassen und Innenhöfen gibt es beinah auf Schritt und Tritt etwas zu entdecken. In einem Umkreis von nur 400 m findet sich hier eine seltene Dichte historischer Architektur, in der sich 18 Galerien und neun Museen angesiedelt haben.

Die Galerien befassen sich mit unterschiedlichen Epochen und Stilen Dresdner und sächsischer Kunst, Schwerpunkte sind auch die Kunst der Gegenwart und jene der sogenannten »verschollenen Generation« Dresdner Künstler des frühen 20. Jh. Überragt wird das Viertel von der **Dreikönigskirche**.

Zu den städtischen Kulturinstitutionen zählen: **Museum für Sächsische Volkskunst, Museum für Völkerkunde** und **Erich Kästner Museum**. Hier ist auch das **Societaetstheater** zu Hause, Dresdens ältestes Bürgertheater (seit 1176) mit modernem Sprech-, Tanz- und Musikprogramm. Zudem haben sich zahlreiche Kunsthandwerker hier Ateliers und Werkstätten eingerichtet, unter anderem Töpfer, Glas- und Schmuckkünstler sowie Juweliere.

Für Flaneure und Augengenussmenschen: Die Nieritzstraße ist einheitlich im Biedermeierstil errichtet und damit eine Rarität in Europa. Grüne Oasen bieten Palaisplatz, Hauptstraße und die nahen Elbwiesen, von denen der »Canalettoblick« auf die andere Uferseite gerichtet wird.

Traditionell ist die Hauptstraße eine der beliebtesten Einkaufsstraßen der Dresdner Neustadt. Unter den prachtvollen Platanen der liebevoll gestalteten Allee lässt sich der Stadtspaziergang angenehm mit Einkehren und Einkaufen verbinden

Neumarkt mit Blick zum Kurländer Palais

Kurländer Palais ➡ aC4
Tzschirnerplatz 3–5
Tram: Synagoge, Pirnaischer Platz
www.kurlaender-palais.com
Die Anfänge des Palais reichen bis ins 16. Jh. zurück. 1728 brannte es ab und wurde von Johann Christoph Knöffel wieder aufgebaut. Es gilt als Paradebeispiel des eleganten Dresdner Rokoko. Unter August dem Starken wurde das markante Gebäude zum Zentrum höfischer Kultur. 1774 erhielt es den Namen von seinem neuen Besitzer, Prinz Carl, Herzog von Kurland. 1813 diente es als Lazarett, später als Chirurgisch-Medizinische Akademie. Bis heute erinnern die unverputzten Wände an diese Vergangenheit.

In der Bombennacht des Februar 1945 brannte das Palais aus und stürzte größtenteils ein. Denkmalschützer konnten zumindest den Abriss verhindern. Das ausgebaute Kellergewölbe wurde 1981–2005 als Jazzclub genutzt.

Das Kurländer Palais beheimatet heute auf drei Etagen vier Erlebnisbereiche: Festsaal, Restaurant in den Gartensälen, Palaishof und den ehrwürdigen Gewölbekeller. Im Festsaal lockt die Palais Revue, eine Dinnershow, Gäste an.

Molkerei Gebrüder Pfund ➡ D7
Bautzner Str. 79
Tram: Pulsnitzer Straße
✆ (03 51) 80 80 80, www.pfunds.de

Neue Synagoge Dresden

April–Dez. Mo–Sa 10–19, So 10–18, Jan.–März tägl. 10–18 Uhr

Wohl der schönste Milchladen Deutschlands: 1892 eröffnet, vier Jahre lang vollständig restauriert. Hinter der Fassade eines Jugendstil-Häuserblocks verbergen sich im Erdgeschoss eine Ladenzeile, ein Käseladen, in der Etage darüber ein Café sowie ein Restaurant mit 90 Plätzen, in dem Käseplatten, Aufläufe und leichte Gerichte angeboten werden.

Der Milchladen entpuppt sich als barocke Pracht aus Stuck, Porzellan und Fliesen. Auf kostbaren Wandkacheln tummeln sich dralle Nackedeis, kosten Milch, füllen sie ab, stampfen Butter. Drumherum rankt sich eine Kulisse aus Blumen, Früchten und Schäferidyllen. Mehrere Dresdner Künstler schufen diese Ode auf die Milch, die wie durch ein Wunder Kriege, Brände und sozialistische Mangelwirtschaft überstand.

Alles andere als ein einfacher Milchladen: Pfunds Molkerei

Moritzburg
Vgl. S. 40 ff.

Neue Synagoge ➡ aC4
Hasenberg 1
Tram: Neue Synagoge
✆ (03 51) 656 07 20, www.hatikva.de
www.freundeskreis-synagoge-dresden.de
Führungen So–Do nach Voranmeldung, € 4
Ein Musterbeispiel moderner Sakralarchitektur, das 2001 den World Architecture Award erhielt. Zwei kräftige Kuben, verbunden durch eine massive Mauer,

stehen zwischen dem alten Festungsgraben Dresdens und einer breiten Hauptstraße, die sich zu einer der Elbbrücken aufschwingt. Im Novemberpogrom 1938 war die Synagoge restlos zerstört, die Gemeinde fast ausgelöscht worden. Nun ist sie im Zentrum Dresdens wieder präsent. Wenngleich noch verhalten, mit einem Bau, an dem alles Reduktion ist: Die Außenmauern sind nur durch flache Lichtschlitze geöffnet, nach innen, zum Hof hin, ist die Fassade fast völlig verglast.

❻ Residenzschloss ➡ aC3
Besucherzentrum der Staatlichen Kunstsammlungen Dresden
Taschenberg 2, Tram: Altmarkt, Postplatz
✆ (03 51) 49 14 20 00
www.skd.museum
Museen im Residenzschloss tägl. außer Di 10–17 Uhr
Eintritt € 14/10,50, bis 16 J. frei; Historisches Grünes Gewölbe Zeitticket inkl. Audioguide € 12/9, bis 16 J. frei
Eingang über den Kleinen Schlosshof, Schlossstraße zum Neuen und Historischen Grünen Gewölbe, Kupfer-stich-Kabinett und Münzkabinett, Türckische Cammer und Rüstkammer, Hausmannsturm sowie Kunstbiblio-thek

Das Residenzschloss der sächsischen Kurfürsten

Schatzkästlein der Schönen Künste

RESIDENZSCHLOSS UND GRÜNES GEWÖLBE

Dresden, Sachsen

D as Residenzschloss ist eines der ältesten Bauwerke der Stadt, an dem alle Stilrichtungen von Romanik bis Historismus ihre Spuren hinterlassen haben. 1289 erstmals als Burganlage urkundlich erwähnt, erfolgte um 1400 der Ausbau zur fürstlichen Residenz, Mitte des 16. Jahrhunderts, als Moritz von Sachsen die Kurwürde erhielt, erstand ein prachtvolles Schloss der Renaissance und im 18. Jahrhundert, zu Zeiten August des Starken, erfolgten barocke Umgestaltungen – um nur einige Stationen zu nennen.

Nach dem Zweiten Weltkrieg stand dann nur noch eine Ruine am Ort der früheren Residenz der Wettiner. Ab 1991 begann die aufwendige Restaurierung der Anlage, die heute das Historische und das Neue Grüne Gewölbe, das Münz- und das Kupferstichkabinett sowie die Rüstkammer mit Türckischer Cammer beherbergt. Ein Großteil der hier vereinten Sammlungen geht auf die Kunstkammer der sächsischen Kurfürsten und Könige zurück, die hier einst lebten.

Mittelpunkt im Neuen Grünen Gewölbe in Dresden: »Der Thron des Großmoguls Aureng-Zeb« (1701–08).

Das Historische Grüne Gewölbe gilt als reichhaltigste Schatzkammer Europas und August der Starke als einer der ersten Museologen: Als erster Fürst teilte er seine Sammlungen nach Gattungen auf und öffnete seine Schatzkammer dem Publikum. Der Besucher stellt erstaunt fest: Es gibt fast nichts, was frühere Generationen, die es sich leisten konnten, nicht mit Edelsteinen verzieren ließen. Pro Stunde werden ins Historische Grüne Gewölbe maximal 100 Personen eingelassen.

Die Türckische Cammer ist ein beeindruckendes Zeugnis sächsischer Bewunderung für das Osmanische Reich und das Münzkabinett präsentiert seit 2004 im Hausmannsturm des Schlosses einen Teil seiner Schätze.

Auch die Kunstbibliothek und die Generaldirektion der Staatlichen Kunstsammlungen Dresden sind im Residenzschloss untergebracht. Nicht verpassen sollte man den Anblick des größten Porzellanbilds der Welt, das an der Fassade des Langen Gangs in der Auguststraße prangt.

INFO: In der Altstadt gelegen. **INFO RESIDENZSCHLOSS:** Taschenberg 2, 01067 Dresden, Tel. (03 51) 49 14 20 00, www.skd.museum, Öffnungszeiten der Museen im Schloss tägl. außer Di 10–17 Uhr, Eintritt Residenzschloss € 14, ermäßigt € 10,50, bis 16 J. frei, Eintritt Historisches Grünes Gewölbe € 12, ermäßigt € 9, bis 16 J. frei, nur mit Zeitticket, Vorverkauf telefonisch, im Besucherzentrum im Schloss oder online.

Rundbogenarkaden im Langen Gang der Residenz

Das Schicksal der früheren Residenz der Wettiner schien nach dem Zweiten Weltkrieg besiegelt. Jahrzehntelang stand an Stelle des prachtvollen Schlosses nur noch eine ausgebrannte Ruine. 1289 bereits urkundlich erwähnt, wurde die Burg unter Moritz von Sachsen zum Renaissance- und unter August dem Starken zur Barockanlage umgestaltet. In DDR-Zeiten stand eine Rekonstruktion nicht auf der Agenda, in den 1960er Jahren sollte das Schloss zum »Museumskombinat« umgebaut werden. Ende 1991 begann die grundlegende Sanierung des Großen Schlosshofs.

Wer den etwa 100 m hohen **Hausmannsturm** besteigt, hat eine Übersicht der gesamten Schlossanlage (Ende März–Mitte Nov. 10–18 Uhr). Die Außenfassade des **Langen Ganges** in der Auguststraße schmücken 35 Herrscher des Hauses Wettin von 1127 bis 1904. Ihnen folgen Adlige, Heerführer, Gelehrte und Künstler. Das Bild – ursprünglich in Sgraffito-Technik – wurde 1904–07 auf 25 000 Kacheln aus Meissener Porzellan übertragen. Damit ist es das größte Porzellanbild der Welt.

Zur 800-Jahr-Feier Dresdens 2006 war der Großteil der Arbeiten an der Schlossanlage abgeschlossen. Ein jahrzehntelanges Provisorium ging zu Ende. Es gehört zu den Wundern von Dresden, dass dieses repräsentative Gebäude wiedererstand.

Weltbekannt: Albrecht Dürers Kupferstich »Der heilige Hieronymus im Gehäus« (1514) im Kupferstich-Kabinett

Als erstes Museum zog im April 2004 das **Kupferstich-Kabinett** (vgl. dort) im Residenzschloss ein, im September folgte das **Neue Grüne Gewölbe** und seit 2006 ist auch das **Historische Grüne Gewölbe** (vgl. Grünes Gewölbe) in seinen ursprünglichen Räumen zu bewundern.

Türckische Cammer und **Rüstkammer** zeigen vor allem Bestände aus den Augustinischen Sammlungen.

Die **Kunstbibliothek** ist die zentrale wissenschaftliche Bibliothek der Staatlichen Kunstsammlungen Dresden. Neben kunsthistorischer Literatur gehören zum vielfältigen Bestand auch Künstlermonographien und Ausstellungskataloge aus aller Welt. Der Präsenzbestand umfasst 130 000 Bände und kann im Freihandbereich eingesehen werden (✆ 03 51-49 14 32 48).

Das **Münzkabinett** zeigt wieder in alter Umgebung, im Hausmannsturm, die über 300 000 Exponate. Neben Münzen und Medaillen auch Banknoten, historische Wertpapiere und Orden.

Sächsische Landesbibliothek ➡ K5
Zellescher Weg 18, Tram: Nürnberger Platz
Bus 66: Technische Universität
✆ (03 51) 467 73 90, www.slub-dresden.de
Mo–Sa 8–24, So 10–20 Uhr
7 Mio. Bücher, 1000 Leseplätze auf 40 000 m², dazu 250 Arbeitsplätze – und alles unterirdisch, drei Geschosse tief. Die 2002 eröffnete Staatsbibliothek, ein 90 Mio. Euro teurer Bau nach dem Entwurf der Wiener Architekten Manfred und Laurids Ortner, ist ein Gebäude der besonderen Art: Der Quaderbau zeigt

sich von außen sachlich-funktional. Innen regiert das Repertoire des Klassischen: dunkle Täfelung, Parkett, Säulen, schwere Teppiche. Nur von oben dringt Tageslicht durch, je nach Wetter automatisch abgeschattet durch elektrochromatisches Glas. Künstliche Lichtquellen wie Tischleuchter stellen eine intime Arbeitsatmosphäre her. Ein Tempel für Leser.

Schloss Pillnitz
Vgl. S. 43 ff.

❹ Semperoper ➡ aC3
Theaterplatz 2
Tram: Theaterplatz, Poststraße
℗ (0351) 491 17 05
www.semperoper.de, www.semperoper-erleben.de
Tägl. Führungen, € 13/9, Familie € 30
Das Opernhaus ist Gottfried Sempers zweiter Hoftheaterbau, nachdem sein erster 1869 abgebrannt war. Er entwarf die Pläne und übertrug dann seinem Sohn Manfred die Bauleitung und Ausführung (1871–78).

Stadtarchiv Dresden ➡ C8
Elisabeth-Boer-Str. 1, Tram: Heeresbäckerei
℗ (0351) 488 15 15
Di, Do 9–18, Mi 9–16, Fr 9–12 Uhr

Der SemperOpernball in Dresden

SEMPEROPER UND SEMPEROPERNBALL

Dresden, Sachsen

N ach 67 Jahren fand 2006 wieder der legendäre Opernball statt. In der Ausstattung und Ausrichtung ist er durchaus dem Wiener Opernball vergleichbar, es fehlt nur noch ein wenig an illustren Gästen. Dresden gewinnt durch diese Veranstaltung noch mehr an Glanz. Ohnehin dominiert die von Baumeister Gottfried Semper 1878 als Hoftheater eröffnete Oper den Theaterplatz. Jeder Touristenbus hält hier, das Ensemble ist ein überaus beliebtes Fotomotiv. Dazu beigetragen hat auch die bekannte Werbung für Radeberger Bier, das Unternehmen ist einer der Hauptsponsoren der Kultureinrichtung. 1945 war die Semperoper völlig ausgebrannt. Was der Betrachter heute sieht, ist die Rekonstruktion von 1985, als DDR-Staatschef Erich Honecker das Vorzeigeprojekt der staatlichen Bauwirtschaft für den Spielbetrieb eröffnete. Gegeben wurde der »Freischütz«. Tatsächlich gelang die Restaurierung des Neorenaissancebaus mustergültig. Das Gebäude mit der perfekt abgerundeten Front ist durch moderne Anbauten auf der Rückseite erweitert worden. Viele hier aufgetretene Künstler sagen, die Akustik sei besser als die der Mailänder Scala.

Die Semperoper, das Haus der Sächsischen Staatsoper.

Bereits 1841 hatte Semper ein Hoftheater gebaut, der Eingang war noch zum Zwinger hin ausgerichtet. Von 1843 bis 1848 war Richard Wagner Maestro, mit der Staatskapelle brachte er seine Opern »Rienzi«, »Der Fliegende Holländer« und »Tannhäuser« zur Uraufführung. 1869 sprang das offene Feuer während einer Aufführung auf Kulissen und Saal über, das Haus brannte ab. Sempers zweiter Bau wurde ein Jahr vor seinem Tod 1879 fertig, sein Sohn Manfred hatte ihn geleitet, weil der Baumeister wegen seiner Sympathie für die 1848er-Revolutionäre am Hof in Ungnade gefallen war. Richard Strauss trumpfte auf mit Premieren seiner Opern »Salome« und »Elektra«, zu Beginn des 20. Jahrhunderts besaß die Semperoper Weltruf, aus Berlin kamen Zuschauer mit Sonderzügen. Die innere Anlage von Bühnenhaus, Zuschauerraum, Wandelgängen und Foyers wurde europaweit kopiert. Heute finden 1300 Zuschauer Platz, die Innenräume sind festlich gestaltet. Kein deutsches Opernhaus ist so gut ausgelastet. Die Schäden, die die Elbe-Jahrhundertflut im August 2002 anrichtete, sind längst behoben; an einer Marke neben der Rezeption im Bühneneingang des Funktionsgebäudes kann man aber noch ablesen, wie hoch das Wasser stand.

INFO: In der Altstadt gelegen. **INFO SÄCHSISCHE STAATSOPER DRESDEN:** Theaterplatz 2, 01067 Dresden, Tel. (03 51) 491 17 05 (Karten), www.semperoper.de, Führungen über: Semperoper erleben. Avantgarde Sales & Marketing Support GmbH, Tel. (03 51) 32 07 36-0, www. semperoper-erleben.de.

Das modernste Stadtarchiv Europas in der altehrwürdigen Hülle der ehemaligen Königlich-Sächsischen Heeresbäckerei in der Albertstadt präsentiert einen lückenlosen Bestand zur Stadtgeschichte Dresdens seit 1260.

Das rekonstruierte Taschen-
bergpalais beherbergt ein
Luxushotel

Taschenbergpalais ➡ aC3
Theaterplatz
Tram: Postplatz, Theaterplatz
Das Gebäude erhielt seinen Namen nach seinem Standort an einer flachen Erhebung. Mit der Errichtung des
reich ornamentierten Mittelbaus (1707–11) beauftragte August der Starke seinen Lieblingsarchitekten Matthäus Daniel Pöppelmann. Bis zu ihrer Verbannung
lebte hier die Gräfin Cosel, die Mätresse des Kurfürsten.
   Das in Rekordzeit rekonstruierte Taschenbergpalais
gehört heute dem Kempinski-Hotelkonzern. Im Innenhof gibt es ein Restaurant, in dem die Dresdner nachmittags gern ihren Kaffee nehmen, das Palais-Bistro
öffnet im Sommer seine Terrasse.

Traditionsbahn Radebeul ➡ bB3
Heimatbahnhof Radebeul-Ost
✆ (0351) 79 69 62 77, www.trr.de
Mit dieser Bahn, »Lößnitzdackel« genannt, reiste einst
die feine Gesellschaft zwischen Radeberg, Radebeul
und Moritzburg hin und her. Die hier seit 1884 auf

*Weingut Hoflößnitz in
Radebeul*

16,5 km verkehrende Schmalspurbahn wird heute von einem Verein betrieben. Sie führt durch den Lößnitzgrund, eine der schönsten Gegenden um die sächsische Landeshauptstadt, geprägt von Weinbergen, alten Villen und Wäldern. Die Bahn fährt im Sommerfahrplan siebenmal täglich ab Radebeul Ost (Fahrplan online).

Weinbaumuseum Hoflößnitz ➡ bA/bB3
Knohllweg 37, Radebeul
S1: Radebeul Weintraube
Tram: Landesbühnen Sachsen
✆ (03 51) 839 83 33 (Weingut), ✆ (03 51) 839 83 31 (Museum), www.hofloessnitz.de, www.elbland.de
Museum tägl. außer Mo 10/11–17/18 Uhr, Eintritt € 3/2, bis 12 J. frei, Führungen Sa/So/Fei 11 Uhr, Ticket € 5
Die **Sächsische Weinstraße** von Pirna bis Diesbar-Seußlitz ist eine der nördlichsten Europas. Ihre Weißweine haben zahlreiche Preise erhalten, für wirklich gute Rotweine reicht die Sonnenkraft nicht aus.

Bereits seit über 700 Jahren wird im Gebiet des Oberen Elbtals Weinanbau betrieben. König und Kurfürst August der Starke feierte hier berauschende Weinlesefeste. Die Weingutanlage mit dem einzigen Weinbaumuseum Sachsens erhebt sich auf einer Heidesandterrasse am Fuße der Lößnitzhänge. Sie umfasst heute wieder das ehemalige Pressgebäude, das Berg- und Lusthaus, das Winzerhaus, das Kavalierhaus und die ehemaligen Wirtschaftsgebäude.

Wie sehr die Region um Dresden traditionell mit dem Weinbau verbunden ist, wird anschaulich dokumentiert. Weinverkostungen finden auch statt. Allein die Anlage des Weinguts ist einen Besuch wert.

Seit 1895 verbindet die Standseilbahn den Stadtteil Loschwitz mit dem Villenviertel Weißer Hirsch. Von der 95 Meter höher gelegenen Bergstation hat man einen fantastischen Blick auf Dresden

✺ Weißer Hirsch/Loschwitz ➡ D14/15

Bus 61, 63, 84: Körnerplatz, umsteigen in die Standseilbahn
Der Stadtteil Loschwitz zieht sich an den Elbhängen hinauf zum früheren Kurort Weißer Hirsch, benannt nach einem nicht mehr existierenden Gasthof. Er galt immer schon als Nobelviertel, auch heute residieren vorwiegend vermögende Zeitgenossen und einige Künstler in den schönen alten Villen. Der Stadtteil ist Handlungsort von Uwe Tellkamps preisgekröntem und auch schon verfilmten Roman »Der Turm«, ein Buch, von dem die Kritiker sagen, dass es bleiben wird.

Manfred von Ardenne, ein vielseitiger Wissenschaftler und der Erfinder einer Sauerstofftherapie, leitete hier in DDR-Zeiten das einzige private Forschungsinstitut.

Zwischen Loschwitz und Oberloschwitz verkehrt eine Bergschwebebahn, zwischen Loschwitz und Weißem Hirsch eine Standseilbahn, Abfahrt ist am Körnerplatz. Von hier kann man auch zu Fuß einen sehr reizvollen steilen Weg hinauf nehmen. Vom Plateau des Weißen Hirsch aus bietet sich ein grandioser Blick über das Elbtal.

Yenidze ➡ aB2

Weißeritzstr. 3, Tram: Kongresszentrum
✆ (03 51) 495 10 01, (0175) 869 26 43
www.yenidze-theater.de
Die ehemalige Tabakfabrik im Stil einer Moschee ist 1906 nach der Idee des weitgereisten Industriellen Hugo Zietz gebaut worden. Mit dem Stil folgte er dem

Die prachtvolle ehemalige Tabakfabrik Yenidze wird heute als Kulturzentrum genutzt

Orangenbäumchen am Zwinger

Den Figurenschmuck des Zwingers schuf der Bildhauer Balthasar Permoser

architektonischen Trend seiner Zeit und wollte zugleich daran erinnern, dass der beste Tabak aus dem Osmanischen Reich stammt. Von dorther bezog der Fabrikherr sein Material, das er zu Zigaretten verarbeitete.

Dresden war seinerzeit das Zentrum der deutschen Tabakwarenproduktion, die erste Zigarette gelangte 1862 aus Russland in die Stadt an der Elbe.

Der prachtvoll sanierte Fabrikbau ist Büro- und Kulturzentrum, aber auch eine Theater- und Veranstaltungs gGmbH. Unter der Glaskuppel finden kulturelle und künstlerische Inszenierungen statt, tagsüber für Kinder, abends für Erwachsene. Es geht um das Zusammenkommen unterschiedlicher Kulturen aus dem Orient und Indiens mit denen Europas, ebenso um den Märchen- und Mythenschatz der Erde. Dazu Musik, Spiel, Tanz, auch Bauchtanz.

❺ Zwinger ➡ aC2/3
Theaterplatz 1, Tram: Theaterplatz, Postplatz
✆ (03 51) 49 14 20 00
www.der-dresdner-zwinger.de, www.skd.museum
Tägl. außer Mo 10–17 Uhr
Ticket für Gemäldegalerie Alte Meister und Skulpturensammlung bis 1800, Mathematisch-Physikalischer Salon, Porzellansammlung € 14/10,50, bis 16 J. frei
Die einzigartige Barockanlage entstand 1709–32 und zählt zu den originellsten Architekturleistungen Europas. Der Name erklärt sich durch die Nähe zur Stadtbefestigung. Nach dem Krieg wurde der Zwinger bis 1963 wieder aufgebaut.
Im Nordwesten befindet sich der **Mathematisch-Physikalische Salon**, eine Sammlung von Uhren, Globen und Messgeräten.

Gegenüber kommen Liebhaber des Meissener Porzellans auf ihre Kosten: Die 1717 von August dem Starken angelegte **Porzellansammlung** (vgl. dort) ist beeindruckend. Im Semperbau befindet sich die **Gemäldegalerie Alte Meister** (vgl. dort).

Seit 1995 ertönt wieder täglich (außer Jan./Feb.) um 10.15, 14.15 und 18.15 Uhr (im Sommer auch 22.15 Uhr) das zweitgrößte **Glockenspiel** Deutschlands.

2017 kehrten die Orangen zurück. Einst zierten mehrere Hundert Orangenbäume den Zwinger, 80 Bäumchen wachsen wieder im Innenhof. ■

ZWINGER

Dresden, Sachsen

Jenseits des Tors der Sempergalerie, in der sich die Gemäldegalerie Alte Meister befindet, liegt mit dem Kronentor, seinen Pavillons, dem Nymphenbad, den vielen Steinmetzarbeiten wie Putten, Bögen, Säulen eines der originellsten

Die Gartenanlage des Dresdner Zwingers entstand nach französischem Vorbild.

Meisterwerke des europäischen Barock, der Zwinger. Der Bau der Anlage war für den sächsischen Kurfürsten August den Starken Chefsache, der Architekt Matthäus Daniel Pöppelmann und der Bildhauer Balthasar Permoser waren ihm für jede Anweisung Rechenschaft schuldig. Geplant war der Bau einer Orangerie für die Züchtung seltener südländischer Gewächse. Baubeginn war 1709. Anlässlich der Hochzeit des Kurprinzen Friedrich August mit der habsburgischen Kaisertochter, Erzherzogin Maria Josepha, fand 1719 die feierliche Einweihung statt. Ein lebendiges Bild dieser Zeit zeigt seit 2020 die multimediale Zeitreise Zwinger Xperience (€ 3) im Innenhof.

Die Bezeichnung Zwinger wurde wegen der unmittelbaren Lage an der Stadtbefestigung gewählt. Nach den Bombardierungen im Zweiten Weltkrieg war der Zwinger total zerstört und wurde bis 1963 originalgetreu wiederaufgebaut.

Der große Festplatz in der Mitte ist von Galerien und Pavillons gesäumt. Rechts geht es zum Wallpavillon (gebaut 1716–19), von dem aus eine Treppe zum »versteckten« Nymphenbad (Baubeginn 1711) führt. Über die Bogengalerie gelangt man zum Mathematisch-Physikalischen Salon (Einrichtung 1746) mit Deckenmalereien von Louis de Silvestre und Heinrich Christian Fehling, in dem eine einzigartige Sammlung von Uhren, Globen und Messgeräten präsentiert wird.

Das Kronentor in der Mitte der Langgalerie war der frühere Haupteingang zum Zwinger. Zur Stadtseite hin präsentiert sich der Zwinger mit Bogengalerien und dem Glockenspielpavillon.

Seit April 1995 kann der Besucher wieder das berühmte, zweitgrößte Glockenspiel Deutschlands vernehmen. 16 der 40 Glocken aus edelstem Meissener Porzellan mussten neu gefertigt werden.

INFO: In der Altstadt gelegen. **INFO ZWINGER:** Theaterplatz 1, 01067 Dresden, Tel. (03 51) 49 14 20 00, www.der-dresdner-zwinger.de, Innenhof, Außengalerien und Gartenanlage tägl. 6–20 Uhr frei zugänglich, im Sommer länger.

Dem Glockenspielpavillon auf der Neustädter Elbseite gegenüber befinden sich das Maritim Hotel und das Internationale Congress Center Dresden

Übernachten
Hotels und Pensionen

Sachsens Hauptstadt hat in den letzten Jahren bei der Bettenkapazität aufgerüstet. Das hat den Vorteil, dass Gäste hier günstiger übernachten als in anderen Städten – weil das Angebot so groß ist. Von der Luxusherberge im altehrwürdigen Barockbau über sächsisch-gemütliche Klein- und moderne Designhotels bis zum Herbergsschiff, auf dem man für unter 20 Euro nächtigt, ist alles im Angebot. Vielfältig ist auch das Angebot an Pensionen in Dresden und Umgebung (www.dresden-pension.de). Die Hotellerie setzt in der Kulturstadt auf Kunst und Kultur. In Dresden genügt eben nicht ein Bett zum Schlafen, es muss auch noch etwas fürs Gemüt geboten werden. Selbst kleine Unterkünfte sind oft mit Kunstwerken ausgestattet. Kunst ist so etwas wie die Corporate Identity der Dresdner. Jedes Jahr empfängt die Stadt mehr als zwei Millionen Gäste aus dem In- und Ausland.

Die angegebenen Preiskategorien gelten für ein Doppelzimmer pro Nacht:
€ – unter 100 Euro
€€ – 100 bis 150 Euro
€€€ – über 150 Euro

Maritim Hotel Dresden ➡ aB2
Devrientstr. 10–12, 01067 Dresden
Tram: Kongresszentrum
✆ (03 51) 216-0, www.maritim.de
2006 wurde der monumentale ehemalige Speicher am
Elbufer als Hotel eröffnet. Spektakuläre Lage. €€–€€€

Vienna House QF Dresden ➡ aC3
Neumarkt 1, 01067 Dresden
Tram: Pirnaischer Platz
✆ (03 51) 56 33 09-0, www.viennahouse.com
Das moderne Hotel am Neumarkt bietet am Wochen-
ende Langschläferfrühstück bis 12 Uhr an. €€–€€€

Akzent Hotel Privat ➡ D8
Forststr. 22, 01099 Dresden, Tram: Nordstraße
✆ (03 51) 81 17 70, www.das-nichtraucher-hotel.de
Hotel in ruhiger, grüner Lage unweit der Altstadt im
Preußischen Viertel. Die Einrichtung ist antiallergisch
und asthmagerecht. €€

Hotel Kipping ➡ J4
Winckelmannstr. 6, 01069 Dresden
Tram: Hauptbahnhof
✆ (03 51) 478 50-0, www.hotel-kipping.de
Die reizvolle Neorenaissance-Villa liegt ideal direkt
hinter dem Hauptbahnhof und trotzdem ruhig. €–€€

Aparthotel am Zwinger ➡ aB2
Maxstr. 3–7, 01067 Dresden
Tram: Kongresszentrum
✆ (03 51) 89 90 01 00
www.aparthotel-zwinger.de
Nette Zimmer im sanierten Altbau an der Peripherie
des Zentrums. Alle mit Küchenzeile. €

Aparthotels an der Frauenkirche ➡ aC4
Münzgasse 10, 01067 Dresden
Tram: Altmarkt
✆ (03 51) 438 11 11
www.aparthotels-frauenkirche.de
Preis und Lage sprechen für die Aparthotels Münzgasse, Altes Dresden, Neumarkt und Am Schloss, alle
in unmittelbarer Nähe der Frauenkirche. €

Backstage Hotel ➡ D7
Prießnitzstr. 12, 01099 Dresden
Tram: Diakonissenkrankenhaus
✆ (03 51) 888 77 77
www.backstage-hotel.de
Zwölf individuell von Künstlern gestaltete Doppelzimmer in einer ehemaligen Molkerei, manche mit großer Terrasse. Tiefgarage, Haustiere erlaubt. €

Hostel Mondpalast ➡ D6
Louisenstr. 77, 01099 Dresden
Tram: Pulsnitzer Straße
✆ (03 51) 563 40 50, www.mondpalast.de
Unkonventionelle Atmosphäre, niedrige Preise, kompetentes Personal und Gäste aus aller Welt in individuell gestalteten Räumen vom DZ mit Dusche/WC und Balkon bis zu preiswerten Mehrbettzimmern für Backpacker und Familien. €

Gut besucht: Pullman Dresden auf der Prager Straße

Hotel Novalis Dresden ➡ nördl. B6
Bärnsdorfer Str. 185, 01127 Dresden
Tram: Stauffenbergallee, dann Bus 64: St.-Pauli-Friedhof
✆ (03 51) 82 13-0
www.hotel-novalis-dresden.de
82 Komfortzimmer mit großem Schreibtisch im Szeneviertel Neustadt. €

Kavaliershaus Schloss Albrechtsberg ➡ D11
Bautzner Str. 130, 01099 Dresden
Tram: Elbschlösser
✆ (03 51) 251 78 19, www.winzer-mueller.de
Das Schloss ist ein Schlösschen mit zwei geräumigen
Ferienwohnungen zu freundlichen Preisen. Ringsherum
Weinberge, Stufenwege zur Elbe, Richard Wagner
schrieb hier den »Tannhäuser«. €

La Campagnola Ristorante è Pensione ➡ F13
Friedrich-Wieck-Str. 45, 01326 Dresden
Bus 61, 63, 84: Körnerplatz
✆ (03 51) 314 10 23, www.la-campagnola-dd.com
Die Zimmer Im historischen Fährhaus von Loschwitz mit
Elbblick sind bunt ausgemalt. €

Motel One am Zwinger ➡ aC2
Postplatz 5, 01067 Dresden, Tram: Postplatz
✆ (03 51) 43 83 80, www.motel-one.com
Wie in allen Häusern der Kette findet man alles Wich-
tige (Bett, Dusche) in Topqualität zu Niedrigpreisen. Ein
zweites Motel One: am Palaisplatz in der Neustadt. €

Pension Im Grünen an der Elbe ➡ bC5
Pillnitzer Landstr. 174, 01326 Dresden
Tram: Bergmannstraße, dann Bus 63: Moosleite
✆ (03 51) 21 50 04 21, https://im-gruenen-an-der-elbe.de
Alle Zimmer im renovierten Haus nahe Loschwitz haben
Elbblick. €

Pullman Dresden Newa ➡ aE3
Prager Str. 2 C, 01069 Dresden
Tram: Hauptbahnhof Nord
✆ (03 51) 481 41 09, www.pullman-hotel-dresden.de
Ein Plattenbau, aber praktisch mit hellen Zimmern zu
vernünftigen Preisen. € ■

Freiluftgastronomie auf dem Neumarkt vor der Frauenkirche mit Blick zur goldenenen »Fama« auf der Kuppel der Kunstakademie

Essen und Trinken
Restaurants und Cafés

Es muss deftig sein – und süß. Das mag der Sachse, und er erwartet von seinen Gästen, dass diese das auch gut finden. Oft ist das Deftig-Süße von hoher Qualität, dann kann man es nur schmackhaft finden. Aber die Kalorien ... Die Braten sind saftig, die Saucen köstlich. Die sächsische Kartoffelsuppe läuft allen anderen Eintöpfen den Rang ab, mit Majoran und Kümmel abgeschmeckt schwimmt darin stets ein Wiener Würstchen, oft zwei. Kartoffeln gibt es in vielerlei Variationen: als Pellkartoffeln mit Quark und Leinöl, als Knödel wie im benachbarten Böhmen oder als Glitscher wie im Erzgebirge.

Als Nachtisch gibt es Quarkkeulchen mit Zimt und Zucker und am Nachmittag dann Eierschecke, im Advent kommt der berühmte Dresdner Stollen auf die Tische. Die Stadt soll etwa 150 Bäckereien haben und alle haben reichlich zu tun. Sein »Schälchn Heeßn« muss nicht nur »heeß«, sondern auch »scheen sieße« sein. Inzwischen haben sich aber auch die Küchen der Welt – Italiener, Griechen, Franzosen, Araber, Inder, Chinesen und Japaner – im Großraum Dresden angesiedelt.

Die folgenden Restaurants und Cafés sind nach Kategorien und innerhalb dieser alphabetisch sortiert. Die Preiskategorien beziehen sich auf ein Hauptgericht ohne Getränk:

€   – bis 15 Euro
€€   – 15 bis 25 Euro
€€€ – über 25 Euro

Restaurants

Bean & Beluga ➡ E14
Bautzner Landstr. 32, Tram: Pulsnitzer Straße
☎ (03 51) 44 00 88 00, www.bean-and-beluga.de
Di–Sa 18.30–22 Uhr
Alles vom Feinsten: Lebensmittel, Weine (mehr als 400 Positionen), Service, Ambiente. Ein Gourmet-restaurant mit Weinbar und Feinkostladen. Besitzer und Küchenchef Stefan Hermann, gebürtiger Schwabe, hat einen Michelin-Stern und 17 Punkte im Gault-Millau. Menüs mit mehreren Gängen ab € 80. €€€

Restaurant Alte Meister ➡ aC3
Theaterplatz 1 A, Tram: Theaterplatz
☎ (03 51) 481 04 26, www.altemeister.net
Tägl. ab 11 Uhr
Das feudale Lokal residiert in einem Seitenflügel der Gemäldegalerie, in der warmen Jahreszeit gibt es auch Außenplätze. Die Küche ist international und nobel. €€€

Elbterrasse Wachwitz ➡ J15
Altwachwitz 14, Bus 63: Altwachwitz
☎ (03 51) 26 96 10, www.elbterrasse-wachwitz.de
Tägl. 12–21.30 Uhr, im Winter Mo/Di geschl.

Restaurant Alte Meister

In dem Restaurant mit sächsisch-bayerischer Küche sitzt man auf einer verglasten Terrasse direkt an der Elbe. Harmonisch fügt sich der Bau in die romantische Umgebung. Die Weinkarte ist erlesen.
€€–€€€

Altmarktkeller ➡ aD3
Altmarkt 4, Tram: Altmarkt
℡ (03 51) 481 81 30
www.altmarktkeller-dresden.de
Tägl. 12–22 Uhr
Fleischesser können hier völlen. Die Küchen Sachsens und Böhmens sind deftig, es gibt alles vom Fettnäppl über Altböhmische Knoblauchsuppe, Schweinshaxe und Gänsebraten bis zu Wildgerichten. Gespeist wird unterm Kreuzgewölbe des Altmarktkellers, bedient wird von hurtigen Marketenderinnen. Öfter Blasmusik. €€

Ball- und Brauhaus Watzke ➡ B3
Kötzschenbroder Str. 1, Tram: Altpieschen
℡ (03 51) 85 29 20,
www.watzke.de
Tägl. 11–24 Uhr

Café am Theaterplatz

Biere aus der eigenen Brauerei. Konzerte und Tanzen im historischen Ballsaal eines Gründerzeithauses von 1898 mit Türmchen auf dem Dach. Die großen Fenster gewähren einen schönen Blick auf Elbe und Altstadt. Serviert wird Deftiges wie Haxe mit Treberkloß oder warme Bierstange, aber auch feiner Wildkräutersalat. €€

Hierschönessen ➡ D7
Görlitzer Str. 20, Tram: Görlitzer Straße
☏ (03 51) 25 65 28 98
www.hierschoenessen.de
Di–Sa 18–23 Uhr
Herzhafte Speisen zu guten Preisen, wie z. B. das Maishähnchen mit Chorizofüllung auf Lauchrisotto. €€

Historisches Fischhaus ➡ C11
Fischhausstr. 14, Tram: Waldschlösschen, dann Bus 74: Mathias-Oeder-Straße
☏ (03 51) 89 91 00
http://historisches-fischhaus.de
Mo–Fr 12–24, Sa/So 11–23 Uhr
Im romantischen Jugendstilsaal, am Kamin oder im Freigarten werden neben Fischgerichten auch Wildspezialitäten, wie sie seit August dem Starken populär sind, aufgetafelt. €€

Kahnaletto ➡ aC3
Auf dem Theaterkahn, Terrassenufer/Augustusbrücke
Tram: Theaterplatz
☏ (03 51) 495 30 37
https://kahnaletto.de
Tägl. 12–15 und 18–24 Uhr, Schiffsbar tägl. außer Mo 18–1 Uhr
Auf dem »Theaterkahn« nahe der Frauenkirche gibt es die experimentierfreudigste italienische Küche der Stadt. €€

Radeberger Spezialausschank ➡ aC3
Terrassenufer 1, Tram: Theaterplatz
☏ (03 51) 484 86 60
https://radeberger-spezialausschank.de
Tägl. ab 12 Uhr

In der hippen Neustadt gehen vor allem die Jüngeren gern essen

Einigen Bierfans gilt Radeberger als Deutschlands bestes Bier. Hier wird es aus drei riesigen Kupferbehältern frisch gezapft, dazu gibt es rustikale Brauhauskost – zur warmen Jahreszeit wird auch auf der Brühlschen Terrasse serviert. €€

Restaurant e-VITRUM in der Gläsernen Manufaktur
➡ J6
Lennéstr. 1
Tram: Lennéplatz
℡ (03 51) 420 42 50, www.vitrum-dresden.de
Tägl. außer So 9–18.30 Uhr
Hinter der Glasscheibe wird an E-Autos gewerkelt. Serviert wird gehobene internationale Küche zu moderaten Preisen. €€

Sophienkeller ➡ aC3
Taschenberg 3
Tram: Altmarkt
℡ (03 51) 497 26-0, www.sophienkeller-dresden.de
Tägl. 11–1 Uhr
Ein Keller wie am Hof Augusts des Starken im 18. Jh.: Artisten, Gaukler, Musikanten, Mägde und Knechte in den vollständig erhaltenen Tonnengewölben des Sophienkellers. €€

Villa Marie ➡ F12
Fährgässchen 1, Tram: Schillerplatz
℡ (03 51) 31 54 40, www.villa-marie.de
Mo–Sa 11.30–1, So/Fei 10–1 Uhr
Berühmter Italiener direkt am Blauen Wunder mit schönem Sommergarten und Blick auf den Weißen Hirsch mit einer Standseilbahn und Schwebebahn. €€

Villandry ➡ D6
Jordanstr. 8, Tram: Görlitzer Straße
℡ (03 51) 899 67 24, https://villandry.de
Tägl. außer So 18–24 Uhr
Mediterranes Flair und ebensolche Küche im Restaurant oder im Sommergarten, dem »schönsten Hinterhof« Dresdens. Sehr gutes Weinangebot mit täglich
25 offenen Weinen. Do Livemusik. €€

Alberthafen ➡ D3
Magdeburger Str. 58, Tram: Alberthafen
℡ (03 51) 498 21 10, https://alberthafen.com
Tägl. außer Mo 11–23 Uhr
Das frühere Kulturhaus der Binnenschiffer im Dresdner
Hafen wurde komplett umgebaut und hat eine schöne
Terrasse. Neben Seefisch gibt es auch Frischfisch aus
sächsischen Gewässern. €–€€

Aposto Dresden ➡ aD3
Seestr. 10, am Altmarkt, Tram: Altmarkt
℡ (03 51) 42 46 78 40, http://dresden.aposto.eu
Tägl. 11–24, Fr/Sa bis 1 Uhr

*Villa Marie mit Freisitz
an der Elbe*

Das frühere »Café Prag« wurde 1956 eröffnet und galt als legendäres Kaffeehaus. Nach Leerständen und einer kurzen Episode als Markthalle wirbt nun wieder ein Restaurant um Kunden. Seit 2016 zelebriert die Kette »Aposto« in ihrem italienischen Restaurant frische Küche, die eventmäßig in der »Pastamanufaktur« zubereitet wird. €–€€

Coselpalais – Restaurant & Grand Café ➡ aC4
An der Frauenkirche 12, Tram: Pirnaischer Platz
✆ (03 51) 496 24 44, www.coselpalais-dresden.de
Mo–Fr 11–24, Sa/So 10–24 Uhr
Einer der imposantesten Barockbauten der Elbestadt. Im historischen Zentrum werden leichte Speisen von Fisch über Fleisch bis vegetarisch serviert. Mit hübscher Terrasse. Verführerisch ist das riesige Kuchen- und Tortenangebot. €–€€

✿ Italienisches Dörfchen ➡ aC3
Theaterplatz 3, Tram: Theaterplatz
✆ (03 51) 49 81 60, www.italienisches-doerfchen.com
Tägl. ab 10 Uhr
Mediterranes Flair an Dresdens berühmtem Platz. Einer der romantischsten Orte Dresdens: Schaufelraddampfer gleiten vorüber, auf der Augustusbrücke turteln Liebespaare. In Milchmädchens Kaffeehaus genießt man die Leckereien der hauseigenen Patisserie. Gespeist wird im Brunetti Centro oder im Stadtwaldschlösschen mit Kurfürsten- und Weinzimmer. Bei gutem Wetter sitzt man am schönsten auf den großen Elbterrassen. €–€€

Das barocke Coselpalais in der Dresdner Altstadt

Sankt Pauli ➡ C6
Tannenstr. 56, Tram: Bischofsplatz
✆ (03 51) 275 14 82, www.sankt-pauli.in
Mo–Sa 11–2, So 10–2 Uhr
Nennt sich Tagesbar und ist fliesenhell. Aber auch nachts ist noch viel los im Hechtviertel. Das Speisenangebot ist international. €–€€

Bautzner Tor ➡ aA1
Hoyerswerdaer Str. 37
Tram: Bautzner/Rothenburger Straße
✆ (03 51) 803 82 02, www.bautznertor.de
Tägl. ab 17 Uhr bis tief in die Nacht
Das war einmal eine typische Ostkneipe in der Neustadt. Sie wurde umgewandelt und fand ein neues Publikum. Die Speisen sind deftig, das Bier fließt in Strömen. €

Chiaveri ➡ aB2
Bernhard-von-Lindenau-Platz 1
Tram: Am Zwingerteich
✆ (03 51) 496 03 99, www.chiaveri.de
Tägl. 11–23 Uhr
Der Name des Restaurants im Sächsischen Landtag erinnert an den Erbauer der Hofkirche. Es ist modern, funktional und bietet einen schönen Blick auf die Elbe und die Neustadt am anderen Ufer. €

Körnergarten ➡ F13
Friedrich-Wieck-Str. 26, Bus 61, 63, 84: Körnerplatz
✆ (03 51) 268 36 20, www.koernergarten.de
Tägl. 11–24 Uhr
Das unterhalb des Blauen Wunders an der Elbe gelegene Gasthaus mit Biergarten ist ein beliebter Rastplatz für Ausflügler. Der Name geht auf die Familie Körner zurück, die das Anwesen 1897 kaufte. Auf den Tisch kommen preiswerte, gutbürgerliche Gerichte wie Sächsischer Sauerbraten. €

La Viletta ➡ G10
Augsburger Str. 43
Tram: Königsheimplatz
✆ (03 51) 31 59 90, www.la-villetta.com
Tägl. außer So 10–23 Uhr

Einer der beliebtesten Orte im Sommer: Biergarten am Blauen Wunder

Ecklokal mit italienischen Leckereien. Einfach möbliert, aber gute Küche. Im Sommer kann man auch draußen essen. €

Schillergarten ➡ F12
Schillerplatz 9, Tram: Schillerplatz
✆ (03 51) 811 99-0, www.schillergarten.de
Tägl. 11–1 Uhr
Traditionsgaststätte seit dem 18. Jh. mit deftiger säch- sischer Küche. Vor dem Bau des Blauen Wunders leg- ten hier die Dampfschiffe an und brachten Leute aus der Innenstadt nach Blasewitz. Schiller hatte sich in die Wirtshaustochter verguckt, aber diese zeigte ihm die kalte Schulter. Mit eigener Fleischerei und Laden- geschäft, Würste aus der Räucherkammer. €

Sproutfood ➡ aA5
Rothenburger Str. 12, Tram: Görlitzer Straße
✆ (03 51) 21 09 35 10, www.sproutfood.de
Tägl. außer So 11–21 Uhr
Vegetarische Burger, Currygerichte, Salate. Beliebtes veganes Lokal. €

Watzkes Wurstküche ➡ aD3
Dr.-Külz-Ring 11, Tram: Pirnaischer Platz
✆ (03 51) 48 61 99 33, www.watzke-wurstkueche.de
Mo–Sa 11–23, So 10–23 Uhr
Ob Kamenzer Knackwurst, Mango-, Bärlauch- oder Käse-Spinat-Bratwurst – hier gibt es Bekanntes und neue Kreationen. Das Fleisch wird nicht aus der Großschlach- terei bezogen, sondern von regionalen Bauernhöfen. €

Cafés

Café Toscana ➡ F12
Schillerplatz 7, Tram: Schillerplatz
℡ (03 51) 310 07 44
http://cafe-eisold.de/cafe-toscana.html
Tägl. 9–19 Uhr
Schon Luise von Toscana, Kronprinzessin am Sächsischen Hof, naschte im Wintergarten in der Nähe des Blauen Wunders. Dresdens Süßschnäbel räumen dieser Institution auch heute noch einen Spitzenplatz ein. Unbedingt die Haustorten und in der Weihnachtszeit den Stollen probieren! Der wird auch geliefert. €€

Kurfürstenschänke anno 1708 ➡ aC4
An der Frauenkirche 13
Tram: Altmarkt
℡ (03 51) 42 44 82 80
www.kurfuerstenschaenke-dresden.de
Tägl. 11–24 Uhr
Zurück im 18. Jh. Schon August der Starke soll hier bei Teigprodukten der böhmisch-sächsischen Küche zugelangt haben. Die Schänke erstreckt sich über drei Etagen. €€

In der altehrwürdigen Kurfürstenschänke

Café Continental ➡ D7
Görlitzer Str. 1
Tram: Görlitzer Straße
✆ (03 51) 272 17 22
www.cafe-continental-dresden.de
Tägl. 9–1, Fr/Sa bis 3 Uhr
Zeitungen, entspannte Atmosphäre, günstige Gerichte.
€–€€

Café Oswaldz ➡ aA5
Bautzner Str. 9
Tram: Albertplatz
✆ (03 51) 27 57 18 63, www.oswaldz.de
Mo–Fr 8–19, Sa/So 9–19 Uhr
Gepflegtes Kaffeehaus mit zeitgenössischen Bildern an
den Wänden, schönem Gestühl, großen Scheiben und
diversen Kaffeearten, gut geröstet. €–€€

✦ Café Schinkelwache ➡ aC3
Theaterplatz 2
Tram: Theaterplatz
✆ (03 51) 490 39 09
www.schinkelwache-dresden.de
Tägl. 10–24 Uhr

Innenraum des Cafés Schinkel-
wache

Unmittelbar neben der Schinkelwache thront das Schloss

Die von Friedrich Schinkel erbaute Alte Wache bietet den besten Blick auf den weitläufigen Theaterplatz, besonders von der Terrasse aus. Neben Kaffee und Kuchen gibt es auch eine Karte für kleine und große Gerichte. €–€€

Marché ➜ aF2
Wiener Platz 4
Tram: Hauptbahnhof
☎ (03 51) 43 89 90 10
www.marche-moevenpick.com
Tägl. 8–21 Uhr
Im Hauptbahnhof unter der großartigen Glasdachkulisse gibt es ab 8.30 Uhr ein Frühstücksbuffet, ab 11.30 Uhr ein Buffet mit saisonalen Gerichten, Backwaren aus der hauseigenen Bäckerei, selbstgemachter Pasta und frischen Säften. €

Hellers Kuchenglocke ➜ D7
Pulsnitzer Str. 1
Tram: Pulsnitzer Straße
☎ (03 51) 89 96 25 00
www.kuchenglocke.de
Tägl. außer Mo 9–17 Uhr
Biocafé in der Neustadt im französischen Stil. Konditormeister Martin Heller steht für die dritte Generation der Dresdner Familie. Sonntagsbrunch, Kinderbetreuung, hausgemachte Pralinen. ■

Die Kneipenszene in Dresdens buntem Viertel Neustadt

Nightlife
Discos, Clubs, Kneipen, Bars

In Dresden gibt es keine Sperrstunde, geschlossen wird erst, wenn der letzte Gast geht. Erste Adresse: die Äußere Neustadt, ein veritabler Partykeller. Tatsächlich gibt es hier die größte Vielfalt an Szeneläden. Aber auch für Partygänger, die auf einen gewissen Stil und Komfort Wert legen, ist ein umfangreiches Angebot vorhanden. Kurz: Dresdens Nachtleben ist aufregend, aber auch solide. Mehr aktuelle Infos gibt es auf www.dresden-nightlife.de und auf www.kneipensurfer.de.

Discos und Clubs

Alter Schlachthof ➡ D4
Gothaer Str. 11, Leipziger Vorstadt
Tram: Alter Schlachthof
✆ (03 51) 43 13 10, www.alter-schlachthof.de
Tägl. 18–2 Uhr
Seit 1997 beliebter Platz für popmusikalische Veranstaltungen und Comedy. Großes, abwechslungsreiches Programm, von den Wise Guys bis zu Kurt Krömer.

Bailamor ➡ C6
Bischofsweg 14, Tram: Bischofsweg
✆ (03 51) 794 84 98, www.bailamor.de
Mi–Sa 18-4 Uhr

Rassige Nächte in der Äußeren Neustadt. Jeden Mittwoch und Freitag Salsa-Party, ab 21.30 kostenloser
Einführungskurs.

Bärenzwinger ➡ aC4
Brühlscher Garten 1, Tram: Synagoge
℡ (03 51) 495 14 09, www.baerenzwinger.de
Tägl. ab 20 Uhr
Der Studentenclub mit Tradition, in DDR-Zeit die be-
liebteste Disco der Stadt. Immer noch Diskothek, häufig
Livemusik, vor allem Rock, Blues, Jazz.

Carte Blanche Theater ➡ D7
Prießnitzstr. 10, Tram: Pulsnitzer Straße
℡ (03 51) 20 47 20, www.carte-blanche-dresden.de
Tickets Mo–Fr 10–19, Sa 10–18 Uhr
Moulin Rouge an der Elbe: Europas größtes Travestie-
und Revue-Theater. Stars aus aller Welt treten auf und
verblüffen mit Magie, Illusionstricks und unglaublichen
Verwandlungen.

Gare de la Lune ➡ G13
Pillnitzer Landstr. 148, Bus 63: Altwachwitz
℡ (03 51) 267 85 54
www.gare-de-la-lune.de
Mi ab 20, Do ab 19.30, Fr ab 20, einen So im Monat
ab 19 Uhr
Schöner und intimer historischer Ballsaal mit Sommergarten unmittelbar an der Elbe. Das Besondere: Die
meisten Besucher sind leidenschaftliche Tänzer, die
Musik machen DJs oder Live-Bands.

*Nightlife Location:
die Münzgasse*

Groove Station → D6
Katharinenstr. 11–13
Tram: Albertplatz
℡ (03 51) 802 95 94
www.groovestation.de
Tägl. ab 19 Uhr
Band-Auftritte, DJ-Nächte, Fußball auf Bildschirmen, günstige Getränke. Hier lernt man sich kennen.

Gutzkow Club → K5
Gutzkowstr. 29–33
Tram: Reichenbachstraße
℡ (03 51) 471 42 21
www.gutzkow-club.de
Mo–Do 20–1 Uhr, am Wochenende Vermietung
Ältester Studentenclub Dresdens, 1964 gegründet. Heute dürfen auch Nicht-(mehr-)Studenten ins »Gutz«.

Livemusik:

Beatpol → bB3
Altbriesnitz 2 A (nahe der Autobahnabfahrt Altstadt)
Tram: Gottfried-Keller-Str.
Bus 75, 91, 92: Schunckstraße
℡ (03 51) 421 03 02
www.beatpol.de
Der ehemalige Starclub mit dem morbiden Charme eines früheren Gasthof-Ballsaals in Briesnitz bietet un-

Ruhe vor dem Ansturm der Musikbegeisterten im Beatpol

Urige Kneipe: Zum Gerücht

regelmäßig vor allem Independent-Bands eine Bühne, Programm auf der Website.

Blue Note ➡ D7
Görlitzer Str. 2 B, Tram: Görlitzer Straße
℡ (03 51) 801 42 75
www.jazzdepartment.com
Tägl. 20–5 Uhr
Jazz und Blues. Anspruchsvoll. Zu später Stunde kommen die Nachtschwärmer.

Jazzclub Tonne ➡ aD4
Tzschirnerplatz 3–5
Tram: Synagoge, Pirnaischer Platz
℡ (03 51) 802 60 17
www.jazzclubtonne.de
Nur zu Veranstaltungen geöffnet, Konzertreihen Fr/Sa
Traditionsreicher Jazzclub, der bis 1997 in den Gewölben des Kurländer Palais residierte. Er wurde ausgelagert und es gab Proteste. Nach Jahren in der Königstraße kehrte er in die heimische Tonne zurück. Der Jazzort der Stadt, internationale Künstler.

Zum Gerücht ➡ bC4
Altlaubegast 5, Tram: Laubegast
℡ (03 51) 251 34 25
www.zum-geruecht.de
Tägl. 19–1 Uhr
Eine urige Kneipe für Feierfreudige, Frohnaturen und Geschichtenerzähler. Jeden So gibt es Livemusik.

Feldschlösschen Stammhaus

Kneipen

Café Europa ➜ C6
Königsbrücker Str. 68, Tram: Bischofsweg
☎ (03 51) 804 48 10
www.cafe-europa-dresden.de
Rund um die Uhr geöffnet
Dresdens einziges Lokal, das nie seine Tür schließt. Nur am 1. Januar wird groß reinegemacht. Warme Küche rund um die Uhr, breites Alkoholangebot. Relaxte Atmosphäre, Nachtschwärmer.

Die 100 ➜ D7
Alaunstr. 100, Tram: Alaunplatz
☎ (0163) 662 35 28
www.diehundert.org
Tägl. Café 18–2, Weinkeller ab 20 Uhr
Szenelokal mit Café und Weinkeller in der Neustadt. In der warmen Jahreszeit wird auch im Hinterhof serviert.

Feldschlösschen-Stammhaus ➜ H3
Budapester Str. 32–34
Bus 62: Agentur für Arbeit
☎ (03 51) 471 88 55
https://feldschloesschen-stammhaus.de
Tägl. 11–1 Uhr
Bier, Bier, Bier. Das original sächsische Gasthaus mit Brauereimuseum wurde topsaniert. Trutzig präsentiert sich der Turm, sandsteingerahmt das Portal. Das Stamm-

haus von Feldschlösschen entstand 1858 und diente damals als Maschinenhaus. Die Bierpalette ist stattlich, die Preise sind zivil, auch für die deftigen Gerichte (z. B. Biergulasch oder Dresdner Brauerschmaus). In der Stammhaus-Bäckerei wird das Brot selbst gebacken, dazu gibt's »Hackepeter« und Gänsefett …

Hebedas ➡ D6
Rothenburger Str. 30
Tram: Görlitzer Straße
℗ (03 51) 895 10 10, www.hebedas.de
Tägl. ab 19.30 Uhr
1914 wurde die Kneipe eröffnet, seitdem wird hier getanzt. Man amüsiert sich in guten und schlechten Zeiten. Etwas abgeranzt, aber immer gute Stimmung.

Rosis Amüsierlokal ➡ C6
Eschenstr. 11, Tram: Louisenstraße
℗ (03 51) 500 53 05, www.rosis-dresden.de
Tägl. 20–5 Uhr
Der Name ist Programm. Es geht um Amusement, abschalten, entschleunigen, Konzerte genießen. Beliebte Kneipe bei etwas älteren Semestern.

Gemütliches Ambiente im Hebedas

Bars

Champagner Lounge ➡ aC4
An der Frauenkirche 20
Tram: Altmarkt
✆ (03 51) 49 77 63 88
www.champagner-lounge-dresden.de
Tägl. 18–1, Fr/Sa bis 3 Uhr
Fr und Sa Live-Jazz und Unterhaltungsmusik, Piano Lounge 21.30 bis 0.30 Uhr jeden 2. und 4. Sa sowie jeden 1. und 3. Fr im Monat.
Weiße Ledersessel mit Blick auf den nächtlichen Neumarkt, Raucherbereich, große Karte mit Cocktails, Champagner, Knabberzeug und aufmerksamer Service.

Gin House Dresden ➡ aC4
Rampische Str. 9, Tram: Altmarkt
✆ (03 51) 41 72 70
www.dresden-ginhouse.de
Tägl. ab 18 Uhr
Die Gin Bar ist beliebt bei Kunstliebhabern. Nahebei liegen Semperoper und andere Einrichtungen der Hochkultur. Vorher oder danach sitzt man im roten Samt und genießt.

Im Gin House wird das alkoholische Getränk zur Kunstform erhoben

Der Flamenco gehört zu den bekanntesten lateinamerikanischen Tänzen

Tanzstadt Dresden

Die Sachsen schwingen gern ihre Tanzbeine. Der Tango hat es ihnen besonders angetan. Die Szene bietet viele Möglichkeiten an fast jedem Tag. Im **Gare de la Lune** ist mittwochs ab 21 Uhr Tangonacht, ab 20 Uhr mit Einführung. Im **Societaetstheater** wird öfter eine »Tangobar« eröffnet. Weitere Informationen erhält man unter: www.dresden-tango.de.

Karibisches Feeling kommt im **Bailamor** jeden Mittwoch und Freitag auf. Ab 21.30 Uhr beginnt die »Salsa & Havanna Night« mit einem kostenlosen Einführungskurs. Mitte Juni wird Dresden für vier Tage zur Bühne des **Internationalen Salsa-Festivals**.

In der **GrooveStation** wird in einem ehemaligen Waschhaus getanzt, in die Kneipe **Hebedas** lockt freitags und samstags die »Zebradisco«. Reicht der Platz innen nicht, wird auf der Straße getanzt.

*Der Tisch ist bereits
zur Verkostung gedeckt:
Wein.Kultur.Bar*

Karl May Bar ➡ aC3
Kleine Brüdergasse 5–3
Im Grand Hotel Taschenbergpalais
Tram: Postplatz, Theaterplatz
℡ (03 51) 491 27 20
www.kempinski.com
Edel mit Holztäfelung und roten Lederbänken, Livemusik. Große Auswahl an Whiskys und Cocktails sowie
kompetente Bedienung. Das hat seinen Preis.

Lebowski-Bar ➡ D7
Görlitzer Str. 5, Tram: Louisenstraße
www.dudes-bar.de
So–Do 19–5, Fr/Sa 19–7 Uhr
Männer lieben die schrullige, lässige Bar, ununterbro-
chen läuft seit 1994 der Kultfilm »The Big Lebowski«.

Wein.Kultur.Bar ➡ H11
Wittenberger Str. 86, Tram: Pohlandplatz
℡ (03 51) 315 79 17, www.weinkulturbar.de
Di–Sa 15–23 Uhr
Bester deutscher Weinausschank in Striesen mit pfiffi-
gen Angeboten. Grand-Cru-Verkostungen, an Weinen
riechen, dazu gibt es Käse und ausgefallene Snacks.
Der Inhaber der Wein.Kultur.Bar, Silvio Nitzsche, ist ein
Sommelier der obersten Liga. Weine ab 99 Cent pro
Glas. ■

Kultur und Unterhaltung
Konzerte, Oper, Theater, Kabarett, Kinos, Tickets

Dresden und Kultur sind ein Synonym. Es war August der Starke, der die Stadt systematisch zur herausragenden Kunst- und Kulturmetropole entwickelte. Viele der bedeutenden Kunsthorte der Stadt, vom Albertinum bis zum Zwinger, entstanden auf seine Anweisung hin. Der Kurfürst wollte damit vor allem im europäischen Wettmessen der Fürstenhöfe weiter nach vorn gelangen – die Kunst wurde darüber zum Markenzeichen von Dresden. Sammlungen, Museen, Bauten im historischen Zentrum und das besondere Kulturinteresse der Dresdner Bevölkerung – es gilt etwa für Familien als höchste Ehre, wird eines ihrer männlichen Kinder in den Kreuzchor aufgenommen – machen die Stadt zu einem Epizentrum kulturellen Schaffens und Genießens.

Konzerte, Oper

Dresdner Philharmonie ➡ aD3
Schlossstr. 2, im Kulturpalast
Tram: Altmarkt
✆ (03 51) 486 68 66, www.dresdnerphilharmonie.de
Ticketverkauf im Foyer: Mo–Fr 10–19, Sa 9–14 Uhr
1870 als »Gewerbehaus-Kapelle« gegründet, ist die Philharmonie einer der bedeutendsten Klangkörper in Dresden. Nun spielt sie auch im optimalen Klangraum – im Kulturpalast.

Der umgebaute Kulturpalast Dresden wurde im April 2017 wiedereröffnet

Hellerau – Europäisches Zentrum der Künste ➡ bA4
Karl-Liebknecht-Str. 56
Tram: Festspielhaus Hellerau
✆ (03 51) 26 46 46, www.hellerau.org
Tickets im Besucherzentrum während der Spielzeit Mo–Fr 10–19, Sa/So 11–18 Uhr
Gegründet zur Förderung der modernen Musik. Neben Kammermusik und Oper multimediale Kunstformen und Jazz.

🔟 Kraftwerk Mitte Dresden ➡ aC1
Wettiner Platz 7
Tram: Bahnhof-Mitte
www.kraftwerk-mitte-dresden.de
Staatsoperette: ✆ (03 51) 320 42-222
www.staatsoperette.de
tjg: ✆ (03 51) 320 42-777, www.tjg-dresden.de
Tickets beim Besucherservice im Kraftwerk Mo–Fr 10–18, Sa 16–18.30 Uhr
Im ehemaligen Heizkraftwerk sind nun u. a. die **Staatsoperette Dresden** (Operetten, Konzerte, Musicals, Rockopern) und das Kinder- und Jugendtheater **tjg. theater junge generation** beheimatet.

Kreuzchor ➡ aD3
In der Kreuzkirche, An der Kreuzkirche 6
Tram: Altmarkt
✆ (0151) 439 39 39, www.kreuzchor.com
Der älteste Dresdner Chor gehört den Jungen, seine Mitglieder sind zwischen neun und 19 Jahre alt. Seit

Der Saal der Staatsoperette Dresden im Kraftwerk Mitte

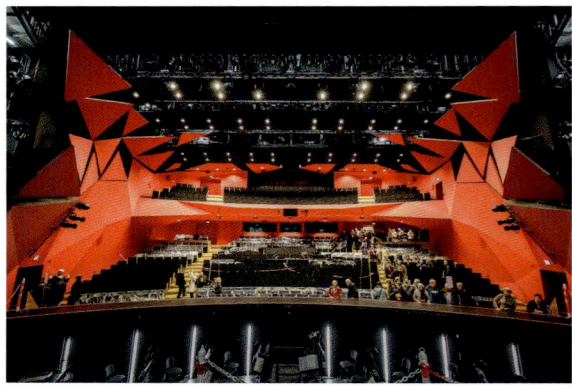

über 800 Jahren wird die Tradition gepflegt. Bei den Konzerten und Vespern in der Kreuzkirche sind es 80, bei großen Feiern bis zu 120 Choristen. Der Kreuzchor ist eine grandiose Werbung für Dresden im In- und Ausland.

Open-Air-Konzert der Sächsischen Staatskapelle bei »Klassik Picknickt« noch vor der Gläsernen Manufaktur, 2019 fand das Event in der Jungen Garde statt

Moritzburg Festival ➡ bA3
Schloss Moritzburg und Kirche
Bus 326 ab Neustädter Bahnhof: Schloss Moritzburg
✆ (03 51) 810 54 95
www.moritzburgfestival.de
Kammermusikfest im August.

Open Air am Theaterplatz ➡ aC3
Tram: Theaterplatz
Auskunft: ✆ (03 51) 49 19 22 33
Ob Rock oder Pop, Ballett, Operette oder Klanginstallationen – im Sommer finden hier viele Veranstaltungen statt. Und zu Silvester wird ins neue Jahr gefeiert.

Sächsische Staatskapelle ➡ aC3
Theaterplatz 2, Tram: Theaterplatz
✆ (03 51) 491 17 05, www.staatskapelle-dresden.de
Eines der führenden europäischen Orchester, hervorgegangen aus der vor über 450 Jahren gegründeten

In alter Schönheit wieder erstanden: der Theaterplatz mit der Semperoper und dem Standbild König Johanns

Hofkapelle, umfangreicher Konzertkalender. Dirigent ist Christian Thielemann.

Sächsische Staatsoper/Semperoper ➡ aC3
Theaterplatz 2, Tram: Theaterplatz
✆ (03 51) 491 17 05, bestellung@semperoper.de
www.semperoper.de
Kartenbestellung: Besucherdienst der Sächsischen Staatsoper Dresden, ✆ (03 51) 49 11-705, Mo–Fr 10–18 Uhr, Sa/So/Fei nur an den Tageskassen oder über die Website
Rund-um-die-Uhr-Ansage Spielplan: ✆ (03 51) 49 11-731
Spielplaninfos: ✆ (03 51) 49 11-740
Vorverkauf: Schinkelwache
Eines der großen Opernhäuser der Welt mit erstklassigen Aufführungen von Opern, Sinfoniekonzerten, Ballett und Kammermusik. Sitz der Sächsischen Staatskapelle.

Direkt hinter der Semperoper ist ein weiterer Spielraum entstanden: **Semper Zwei**. Hier spielt unter anderem die **Junge Szene**. Die Nachrücker der Opernszene stellen ihr Können in Kammeroper, experimentellem Musiktheater und auch im klassischen Tanz unter Beweis.

Theater und Kabarett

Spielpläne unter:
www.kulturkalender-dresden.de

Boulevardtheater Dresden ➡ G3/4
Maternistr. 17
S1, 2: Freiberger Straße
✆ (03 51) 26 35 35 26 (Mo–Fr 8–21, Sa 8–20, So 10–20
Uhr), www.boulevardtheater.de
Hier darf man sich bei den Pointen auf die Schenkel
klopfen. Hemmungslos lachen. Sich der Ironie hinge-
ben, dem Wechselbad der Gefühle.

Comödie Dresden ➡ G4
Freiberger Str. 39
World Trade Center, Tram: Freiberger Straße
✆ (03 51) 86 64 10, www.comoedie-dresden.de
Größtes sächsisches Privattheater mit 643 Plätzen, die
Besucherzahlen stehen an einer vorderen Stelle unter
den Komödien in Deutschland. Im Angebot: Schauspiel,
Kabarett, Lustspiel, Konzert, Liederabende und Nacht-
programme.

Die Herkuleskeule ➡ aD3
Schlossstr. 2, im Kulturpalast
Tram: Altmarkt
✆ (03 51) 492 55 55, www.herkuleskeule.de
Ticketverkauf im Foyer: Mo–Fr 10–19, Sa 9–14 Uhr
Politisch-satirische Keulenschläge aus dem Souterrain,
aber mit Leidenschaft.

Kabarett »Die Herkuleskeule«

Dresdner FriedrichstaTT Palast ➡ aC1

Wettiner Platz 10, Eingang Jahnstraße
Tram: Bahnhof Mitte
℡ (03 51) 490 40 09
www.dresdner-friedrichstatt-palast.de
Früher hieß das private Kabarett Breschke & Schuch.
Politische Satire vom Feinsten im Gebäude der ehemaligen Sächsischen Landesdruckerei.

Felsenbühne Rathen ➡ bD7

Amselgrund, 01824 Rathen
S-Bahn: Bad Schandau oder Schönau, in Rathen mit der Fähre ans andere Elbufer
℡ (03 50 24) 77 70, www.felsenbuehne-rathen.de
Ein lohnender Ausflug in die Sächsische Schweiz. Die Aufführungen des Naturtheaters – von Winnetou bis Freischütz – finden von Mai bis September statt. Die Schiffslinien richten sich mit ihrem Fahrplan nach den Spielzeiten der Felsenbühne in Rathen, die Eintrittskarte gilt auch als Fahrkarte.

scheune Dresden ➡ D7

Alaunstr. 36–40, Tram: Albertplatz
℡ (03 51) 32 35 56 40, www.scheune.org
Das Kulturzentrum der Neustadt präsentiert pro Jahr über 300 Veranstaltungen, darunter Konzerte, Theater, Kabarett, Lesungen und Partys. Ab Ende 2021 wird das Haus saniert. Es wird Veranstaltugen in anderen Clubs geben und als Interimslösung soll ein Blechschloss auf dem Vorplatz entstehen.

Saal im Schauspielhaus

Societaetstheater ➡ aA4

An der Dreikönigskirche 1 A
Tram: Albertplatz, Neustädter Markt
✆ (03 51) 803 68 10
www.societaetstheater.de
Die Theatercompany hat sich zeitkritischen Stücken ver-
schrieben. Und das schon seit 1779. Auf dem Spielplan
stehen beispielsweise Werke von Albert Camus, Franz
Kafka, Oscar Wilde und Yasmina Reza.

Staatsschauspiel Dresden (Schauspielhaus) ➡ aC2

Theaterstr. 2, Tram: Postplatz
✆ (0351) 49 13 50
Ticketverkauf ✆ (03 51) 491 39 12
www.staatsschauspiel-dresden.de
Das Theater wurde 1911–13 von den Architekten Los-
sow und Kühne gebaut, im Zweiten Weltkrieg stark
zerstört, dann wieder aufgebaut, aber erst 1990–95
historisch rekonstruiert und wiedereröffnet.

Theaterkahn ➡ aC3

Terrassenufer 1, Tram: Theaterplatz
✆ (03 51) 496 94 50 (Mo–Fr 11–18 Uhr)
www.theaterkahn-dresden.de

*Vorstellung im Societaets-
theater, dem ältesten noch
existierenden Theater Dresdens*

155

Theater auf der Elbe

Der Theaterkahn war früher ein Schleppkahn. Seit 1994 ist er die Spielstätte des **Dresdner Brettl** unterhalb der Augustusbrücke am Terrassenufer in Sichtweite der Semperoper. Geboten werden Kabarett, Musik, Literatur und Gastronomie.

Kinos

Filmnächte am Elbufer ➡ aC4
Elbauen zwischen Carola- und Augustusbrücke auf Neustädter Seite unterhalb des Finanzministeriums
Tram: Carolaplatz
www.filmnaechte.de
Großes Open-Air-Kino vor großem Stadtpanorama im Juli und August.

Filmtheater Schauburg ➡ aA4
Königsbrücker Str. 55, Tram: Bischofsweg
✆ (03 51) 803 21 85, www.schauburg-dresden.de
Das Programmkino ist eines der ältesten Kinos Sachsens.

Programmkino Ost ➡ J12
Schandauer Str. 73
Tram: Altenberger Straße
✆ (03 51) 310 37 82, www.programmkino-ost.de
Hier werden Filme in Originalfassung gezeigt.

Ufa-Kristallpalast ➡ aE3
Prager Str. 6, Tram: Walpurgisstraße
✆ (03 51) 482 58 25, www.ufa-dresden.de

Der von COOP Himmelblau entworfene Bau wurde 1998 eröffnet und bietet 2668 Sitzplätze, verteilt auf acht Kinos. Das dekonstruktivistische Gebäude konterkariert die umliegenden Plattenbauten. Der kompakte Betonblock wird von gläsernen Hüllen umlagert, die Glasflächen erzeugen die kristalline Struktur.

Tickets

Konzertkasse im Florentinum ➜ aE3
Ferdinandstr. 12, Eingang Prager/Trompeterstraße
Tram: Prager Straße
✆ (03 51) 86 66 00, www.konzertkasse-dresden.de
Mo–Fr 9.30–20, Sa 10–16 Uhr

saxTicket ➜ C6
Königsbrücker Str. 55
Seiteneingang Kino Schauburg
Tram: Bischofsweg
✆ (03 51) 803 87 44, www.saxticket.de
Mo–Fr 10–20, Sa 11–14 Uhr

Ticket Hotline
✆ (03 51) 86 66 00
www.konzertkasse-dresden.de ■

Feuerwerk hinter der Bühne nach einem Konzert bei den Filmnächten am Elbufer

Shopping
Antiquitäten, Kunsthandwerk, Galerien, Mode, Musik, Delikatessen

Es ist eine Lust, in dieser barocken Stadt einzukaufen – vor allem, wenn man den Einkaufsbummel mit dem Flanieren auf beiden innerstädtischen Seiten der Elbe verbindet. Die **Prager Straße** ➡ aE3 hat sich in den letzten Jahren zu einer beliebten Einkaufspassage gemausert, vor allem wegen ihrer Kaufhäuser und Boutiquen. Die **Altmarkt-Galerie** ➡ aD3 gehört zu den attraktivsten Deutschlands, hier kann man unter dem Glasdach herumschlendern, schauen und vergleichen. In den umliegenden Straßen bestimmen Läden mit individueller Note das Bild.

Die **Wilsdruffer Straße** ➡ aD3/4 im Schlossviertel und rings um das Taschenbergpalais bietet hauptsächlich regionale Spezialitäten und Souvenirs. Man hetzt hier nicht von einem Geschäft zum anderen, sondern zelebriert das Shoppen und entspannt zwischendurch im Kaffeehaus. Empfehlenswert sind Keramik und Töpferware aus der Oberlausitz, Handwerk und Kunsthandwerksarbeiten aus dem Erzgebirge und dem sächsischen Raum, Weißweine von der Sächsischen Weinstraße und Delikatessen der sächsischen Küche. Auch Modeinteressierte kommen auf ihre Kosten. Entdeckungen lassen sich ebenfalls, manchmal preisgünstig, in Dresdens Warenhäusern machen, sie gelten als besonders innovativ.

Die Plastik »Völkerfreundschaft« (1986) von Wolf-Eike Kuntsche auf der Prager Straße, einer beliebten Einkaufsstraße in Dresden

*Räuchermännchen – Handarbeit
aus dem Erzgebirge*

Blick vom Wheel of Vision auf die Wilsdruffer Straße

Ein einmaliges Erlebnis ist der Einkaufsbummel auf der Neustädter Seite, in der Gegend um die **König-straße** ➡ aA3/4, die am Japanischen Palais beginnt. Seit 1731 wurde ständig an der 692 Meter langen Straße gebaut. Eine Baupause musste sie hinnehmen, als sie Friedrich-Engels-Straße hieß. Wenn es regnete, tropfte es damals in jedem zweiten Haus bis in die Läden. Wer heute an der letzten komplett erhaltenen Barockstraße Dresdens residiert, lockt Käufer an, indem er hinter der denkmalgeschützten Fassade mit einem modernen Innenleben verblüfft. Die Königstraße mit ihrem unverwechselbaren Flair, vom genialen Architekten und Stadtplaner Pöppelmann entworfen, ist Dresdens schönste und teuerste Einkaufsstraße.

Die parallele **Hauptstraße** ➡ aA/aB4, von Platanen gesäumt, besitzt eine historische Handwerkerpassage im und um das Kügelgenhaus und Dresdens älteste Markthalle. Im Gründerzeit-Viertel der **Äußeren Neustadt** ➡ D6/7 finden sich schrille Szeneläden.

Antiquitäten und Kunsthandwerk

Antiquariat und Kunsthandel Bachmann & Rybicki
➡ aA3
Robert-Blum-Str. 11
Tram: Anton-/Leipziger Str.
✆ (03 51) 21 96 09 03
www.dresden-antiquariat.de
Di–Fr 10–18 Uhr
Bücher, Handschriften, Grafik, Bilder und figürliche Kunst. Umfangreiches Angebot.

Antiquitäten & Kunst Anton Hornung ➡ E7
Bautzner Str. 30/32
Tram: Bautzner/Rothenburger Straße
✆ (03 51) 801 46 68
Mo–Fr 10–18, Sa 10–15 Uhr
Gutes Angebot zu fairen Preisen.

Antiquitäten & Kunsthandel Hardner ➡ E7
Bautzner Str. 20
Tram: Bautzner/Rothenburger Straße
✆ (03 51) 803 07 58
www.kunsthandel-hardner.de
Mo–Fr 10–18 Uhr
Im Angebot sind u. a. Gemälde, Bücher, Möbel und Porzellan.

art + form ➡ aA4
Bautzner Str. 11/Albertplatz
Tram: Albertplatz/Erich-Kästner-Museum, Bautzner/Rothenburger Straße
✆ (03 51) 803 13 22, www.artundform.de
Mo–Fr 10–19, Sa 10–18 Uhr
Dresdens einmalige Ladengalerie für Kunst, Bilderrahmen, Postkarten, Papeterie, Bücher, Kalender, Kunsthandwerk, Schmuck, Herrnhuter Sterne und vieles mehr.

Atelier Kleinod ➡ F13
Dammstr. 1, Bus 61, 63, 84: Körnerplatz
☏ (0173) 981 08 33, www.kleinod-dresden.blogspot.com
Di–Fr 10–18.30, Sa 10–14 Uhr
Einige Künstlerinnen vermarkten ihre Produkte hier gemeinsam. Schmuck, Keramik, Textilien etc.

Bunzlauer Keramikladen am Dresdner Residenzschloss ➡ aC3
Sporergasse 1, Tram: Postplatz
☏ (03 51) 82 12 00 20, https://bunzlau24.de
Mo–Sa 10–19, März–Dez. Fr/Sa bis 20 Uhr
Traditionelle Keramiken aus der alten Töpferstadt Bunzlau, die heute in Polen liegt. Die Objekte werden in der traditionellen Schwämmeltechnik hergestellt.

Der Flechter – Korbmacher Uwe Lipka ➡ aA5
Bautzner Str. 27 B
Tram: Bautzner/Rothenburger Straße
☏ (03 51) 801 21 77
www.der-flechter.de
Mo–Fr 10–19, Sa 10–15 Uhr
Traditionsgeschäft mit handgefertigten Körben, Rattanmöbeln, Teppichen, Taschen und Schmuck.

Holzkunst Richter – Kunststube Am Goldenen Reiter ➡ aB4
Hauptstr. 17, Tram: Neustädter Markt
☏ (03 51) 28 82 14 80
Mo–Fr 10–19, Sa 10–16 Uhr
Volkskunst aus dem Erzgebirge.

Porzellanmanufaktur Meissen ➡ bA1
Talstr. 9, 01662 Meißen, S1, 2: Meißen Triebischtal
☏ (035 21) 46 82 08
www.meissen.com, www.erlebniswelt-meissen.com
Tägl. Mai–Okt. 9–18, Nov.–Apr. 9–17 Uhr
Eintritt € 12/10 (6–18 J.), Familienticket € 25
Für Liebhaber edlen Tischschmucks lohnt sich der Weg nach Meißen. Die mit feinsten Malereien verzierten Porzellane sind begehrt und locken Sammler aus aller Welt. In **Dresden** kauft man die Produkte der Porzellanmanufaktur im sogenannten Signature Store an der Frauenkirche.

Porzellanmanufaktur Meissen: Von hier aus werden die edlen Stücke in alle Welt exportiert

PORZELLAN-MANUFAKTUR MEISSEN

Meißen, Sachsen

Hat er nun oder hat er nicht? Bis heute ist nicht einwandfrei geklärt, ob der Apothekengehilfe Johann Friedrich Böttger 1708 das Porzellan selbst erfunden oder nur die Erkenntnisse seines Freunds und Mithelfers

Ehrenfried Walther von Tschirnhaus für sich in Anspruch genommen hat. Wer heute einen Teller des feinen Meissener Porzellans in der Hand hat, den kümmert diese Frage allerdings wenig. Er freut sich, dass das Geheimnis zur Herstellung des weißen Golds überhaupt entschlüsselt wurde. Den Auftrag dafür gab damals August der Starke.

Weltweit bekanntes Markenzeichen für hochwertiges Porzellan: Die gekreuzten Schwerter der Porzellan-Manufaktur Meissen schmücken jedes Stück, das die Werkstatt verlässt.

Eine ebenso bahnbrechende wie profitable Erfindung, denn zur damaligen Zeit war einzig China in der Lage, das begehrte weiße Porzellan herzustellen. Man importierte zu stattlichen Preisen. Das uralte Monopol war nun plötzlich gebrochen und so gründete man 1710 in Meissen die Erste Europäische Porzellan Manufaktur, natürlich unter Geheimhaltung des Herstellungsprozesses.

Noch heute ist das Porzellan aus Sachsen in der ganzen Welt bekannt. Die beiden blauen Schwerter, die jedes Stück zieren, sind Zeichen für höchste Qualität. Die Grundausbildung zum Maler und Bossierer dauert drei Jahre, jedoch braucht es viele weitere Jahre bis zur Meisterschaft.

Wie das Porzellan hergestellt wird, davon kann sich jeder in der Erlebniswelt HAUS MEISSEN, das 2005 um einen Anbau erweitert

wurde, selbst ein Bild machen. In Schauwerkstätten verfolgt man den Schaffensprozess mit eigenen Augen an vier Arbeitsplätzen, beim Drehen und Formen, beim Bossieren, bei der Unterglas- und der Aufglasurmalerei.

Das Museum, bereits 1916 in einer neoklassizistischen Festhalle als Schausammlung eingerichtet, zeigt die enorme Vielfalt der hergestellten Produkte.

Vom Fingerhut bis zum dreieinhalb Meter hohen Tafelaufsatz führt es durch 300 Jahre Porzellangeschichte in Sachsen. Und jedes Jahr variiert die Ausstellung, denn das Museum bietet insgesamt 20 000 Objekte und baut diese nach und nach in die Ausstellung ein. Auch Kinder kommen in der Manufaktur nicht zu kurz: Es werden Führungen und Workshops angeboten und in der Adventszeit findet ein Weihnachtsmarkt statt.

INFO: Meißen liegt ca. 30 km nordwestlich von Dresden. **INFO STAATLICHE PORZELLAN-MANUFAKTUR MEISSEN:** Talstr. 9, 01662 Meißen, Tel. (035 21) 46 82 08, www.erlebniswelt-meissen.com, Öffnungszeiten tägl. Mai–Okt. 9–18, Nov.–April 9–17 Uhr, Eintritt € 12, bis 18 J. € 10, bis 5 J. frei, Führungen vgl. Website.

Tradition & Form in der Nähe des Pirnaischen Platzes

Tradition & Form ➜ aD4
Landhausstr. 6/8, Tram: Pirnaischer Platz
✆ (03 51) 48 19 67 66
http://www.tradition-und-form.com
Mo–Fr 11–19 Uhr
Bedeutende Holzgestalter des Erzgebirges stellen ihre Produkte aus, nicht nur Weihnachtsdeko.

Galerien

Galerie Holger John ➜ aA4
Rähnitzgasse 17, Tram: Albertplatz
✆ (0162) 477 27 39, www.galerie-holgerjohn.com
Mi–So 14–19 Uhr
Der Galerist Holger John hat Sinn für das Ungewöhnliche. Bei ihm darf auch Till Lindemann, Leadsänger der Band Rammstein, seine durch und durch versexten Kreationen ausstellen.

Galerie Mitte ➜ aD3
Striesener Str. 49, Tram: Fetscherplatz
✆ (03 51) 459 00 52, www.galerie-mitte.de
Di–Fr 15–19, Sa 10–14 Uhr und nach Vereinbarung
Fotografien, Grafiken, Bilder und Rauminstallationen von sächsischen Künstlern in der ältesten privaten Kunstausstellung der Stadt.

Mode

Altmarkt-Galerie Dresden ➡ aD3
Webergasse 11, Tram: Postplatz
www.altmarkt-galerie-dresden.de
Tägl. außer So 10–21 Uhr
Die erweiterte Altmarkt-Galerie bietet über 200 Läden,
Restaurants und Cafés. Alle großen Marken sind ver-
treten.

Anders & Anders ➡ D7
Böhmische Str. 18, Tram: Görlitzer Straße
www.andersundanders.com
Mo–Fr 10–19, Sa 10–16 Uhr
Coole Klamotten für Sie und Ihn, urbaner Schick, aber
nicht überteuert.

Atelier für Einzelstücke ➡ aB4
Obergraben 15, Tram: Albertplatz
✆ (03 51) 323 17 06
www.sandracoym.de
Di/Mi 10.30–15, Do/Fr 10.30–19, Sa 10–15 Uhr

*Weihnachtsshopping
in der Altmarkt-Galerie*

Die aus Chemnitz zugewanderte Textildesignerin Sandra Coym sieht sich in der Tradition der sächsischen Textilwirtschaft. Die Schmuckstücke, Taschen und sonstigen Produkte sind edel und nachhaltig produziert.

Cocoon ➜ aD3
Wilsdruffer Str. 10, Tram: Altmarkt/Neumarkt
www.cocoon-dresden.de
Tägl. außer So 10–20 Uhr
Individuell und originell, trotzdem bezahlbar, Marken wie Missoni, Princess goes Hollywood, Frogbox, JUVIA, Blonde Nr. 8, Rosamunde, dazu eine Bar für das Gläschen Schampus zwischendurch.

Leliveld Schuhe ➜ aA3/4
Königstr. 12, Tram: Palaisplatz
www.leliveld-schuhe.de
Mo–Fr 10–19, Sa 10–18 Uhr
Dresdens erste Adresse für italienische Schuhe im Barockviertel der Stadt, Damen und Herrenschuhe, Klassiker sowie Ungewöhnliches.

QF Passage Dresden ➜ aC3
Neumarkt, Tram: Altmarkt

Die QF Passage für exklusives Shopping

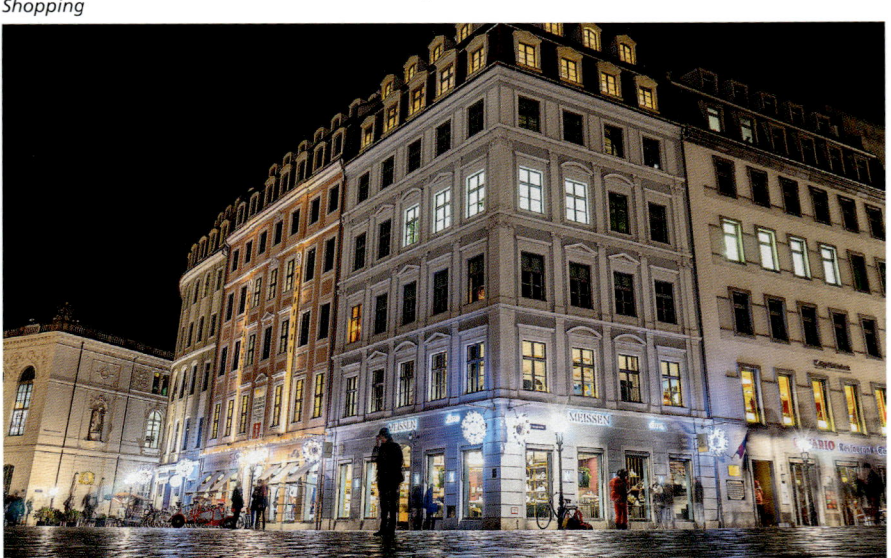

www.qf-dresden.de
Tägl. außer So 10–19 Uhr
Die QF Passage nahe der Frauenkirche bietet exklusives Shopping. Die Geschäfte sind inhabergeführt und haben eine breite Vielfalt hochwertiger Produkte, darunter solche sächsischer Manufakturen wie die Luxusuhrenmarke A. Lange & Söhne und die Porzellanmanufaktur Meissen.

Tendresse ➜ aA5
Ladengalerie für Mode und Accessoires
Rothenburger Str. 44, Tram: Görlitzer Straße
www.ladengalerie-tendresse.de
Mo 11–19, Di–Fr 10–19, Sa 11–19 Uhr
Shopping-Geheimtipp, speziell für alle, die Wert auf Fair Trade legen; z. B. Schuhe aus Spanien von dem Label »Jonny's«, die ausschließlich vor Ort produziert und aus pflanzlich gegerbtem Leder hergestellt werden, auch Modelle aus rein veganen Materialien. Die Mode ist unkonventionell, verspielt, aber auch klassisch und zeitlos in einer kleinen, feinen Auswahl, die man nicht überall finden kann. Dazu hundert entzückende Kleinigkeiten, Accessoires und Geschenkideen, von Schmuck über Schals und Tücher, Taschen, Stoffe und witzige Knöpfe, Glas aus Frankreich, englische Teekannen, handgeschöpfte Papiere und venezianische Perlen.

Musik

ZentralOHRgan ➜ D6
Louisenstr. 22, Tram: Görlitzer Straße
✆ (03 51) 801 00 75, Mo–Fr 11–19, Sa 10–15 Uhr
Aufgeräumte Atmosphäre, nettes Personal. CDs und Vinyl, außer Opernscheiben kann man fast alles bekommen. Was fehlt, wird nach Möglichkeit beschafft. Viele musikbezogene Zeitschriften.

Zoundhouse ➜ nördl. B8
Meschwitzstr. 6, Tram: Industriegelände
www.zoundhouse.de, Mo–Fr 10–20, Sa 10–16 Uhr
Paradies für aktive Musiker, auf über 2500 m^2 neue und gebrauchte Streich-, Tasten-, Saiten- und Blasinstrumente, Drums, dazu Ton- und Lichttechnik, Noten, Bücher und Media.

In der Sächsischen Vinothek ist die Auswahl groß

Delikatessen

Galeria Markthalle Dresden → aE3
Prager Str. 12, Tram: Prager Straße
℡ (03 51) 861 21 92
Tägl. außer So 9.30–20 Uhr
Riesige Feinkostabteilung, bestes Fischangebot, viele Bio-Lebensmittel.

Sächsische Vinothek → aC4
An der Frauenkirche 13, Salzgasse 2
Tram: Altmarkt
℡ (03 51) 484 52 00, www.saechsische-vinothek.de
Mo–Do 12–18, Fr 12–19.30, Sa 11–19 Uhr
Hübsch sortierter Weinladen mit über 240 guten Tropfen, dazu Brände und Liköre. Neben Verkostung auch Versand und Weinbergführungen.

Ecke Nord → D7
Frühlingstr. 22, Tram: Alaunplatz
℡ (03 51) 32 01 27 82, www.eckenord.de
Mo–Fr 9–20, Sa 9–18 Uhr
Moderner Tante-Emma-Laden in der Neustadt. Bio- und Fairtrade-Produkte, nette Bedienung. Kaffee und Mittagssuppe.

Wochenmärkte:
Die besten und originellsten Märkte sind: Alaunplatz (Do 9–17, Sa 8–13 Uhr), Bauernmarkt Königstraße (Sa 9–13 Uhr), Bauernmarkt Kopernikusstraße (Do 8–17 Uhr), Sachsenmarkt Lingnerallee (Fr 8–16.30 Uhr), Schillerplatz (Di und Do 9–18, Sa 8–12 Uhr), Jacob-Winter-Platz (Mo, Mi, Fr 9–17 Uhr). ■

Mit Kindern in der Stadt
Aktivitäten und Sehenswertes

Dresden hat nicht nur ein Herz für Groß, sondern auch für Klein. Seit einigen Jahren wird in Hotels und Restaurants, in Museen und an anderen öffentlichen Orten mehr als je zuvor auf die **Kinderfreundlichkeit** geachtet. Grundgedanke ist dabei, dass die Jüngsten nicht von ihren Eltern separiert werden müssen, um etwas zu erleben.

Im Juli findet die **Erich Kästner Rallye** mit Eröffnung am Bahnhof Neustadt statt. Mit der »Parole Emil« begeben sich Dresdner Grundschüler auf die Suche nach dem Dieb Max Grundeis aus Kästners Kinderroman »Emil und die Detektive«. Ist der Dieb gestellt, wird er unter frenetischem Jubel der Polizei übergeben.

Das Kulturzentrum **Yenidze** ➡ aB2 bietet regelmäßig Märchenstunden an. Im Dorf Wehlen zwischen Pillnitz und Bastei ist **Die kleine Sächsische Schweiz** ➡ bD6 aufgebaut, eine aus einheimischem Sandstein naturgetreu nachgebildete Miniaturparkanlage. Für die jüngeren Besucher spannende Museen sind beispielsweise das **Grüne Gewölbe**, die **Rüstkammer** (die bedeutendste in Deutschland, rund 10 000 Waffen aus vier Jahrhunderten), das **Kinder-Museum im Deutschen Hygiene-Museum** ➡ aE4, natürlich das **Erich Kästner Museum** ➡ aA4 und das **Karl-May-Museum** ➡ bB3 in Radebeul.

Jeden Juli gehen die Jüngsten als Detektive auf die Jagd, frei nach Kästners Roman

Für Kinder ein Muss: Ausflug zum Weihnachtsmarkt in Dresden

Lohnenswert ist auch eine Fahrt mit dem Raddampfer über die Elbe. Für aktive Familien bietet sich eine Abschnittstour auf dem Elberadweg an. Auch der Ufa-Palast, ein Multiplex-Kino, ist auf die jüngere Klientel eingestellt.

Aktivitäten und Sehenswertes

Abenteuerspielplatz Panama ➡ D7
Seifhennersdorfer Str. 2, Zugang über Görlitzer Straße
Tram: Görlitzer Straße
℡ (03 51) 803 87 48, www.asp-panama.de
Mo–Mi 9–19, Do/Fr 9–14 (danach nur für Kinder ab 6 J. ohne Erwachsene), Sa/So 9–12 und 16–18.30 Uhr
Von Sozialpädagogen betreute Anlage in der Äußeren Neustadt, mit Holzschiff, Teich, Lehmöfen und Tieren wie Pferden, Schafen und Hasen. Der Abenteuerspielplatz ist offen für Kinder aus der Nachbarschaft und Gästekinder.

Albertinum
Vgl. S. 70 f.
KUNST4KIDS heißt ein spezieller Audioguide für Kinder (9–15 J.). Eine Activity-Funktion regt zum Erforschen der Kunstwerke an.

In den Technischen Sammlungen werden die Naturwissenschaften für Kinder anschaulich dargestellt

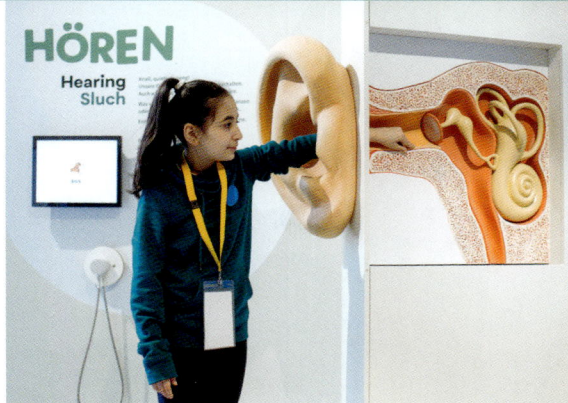

Wie funktionieren unsere Ohren? – Ausstellung im Kindermuseum des Deutschen Hygiene-Museums

Deutsches Hygiene-Museum
Vgl. S. 72 ff.
Das Kindermuseum im Hygiene-Museum widmet sich den fünf Sinnen: Kann ich besser riechen, wenn ich die Augen schließe? Wie gut hört ein Tiger? Auf einer Bodenklaviatur können Kinder Melodien produzieren.

Erich Kästner Museum und seine Veranstaltungen
Vgl. S. 74
Jeden Sommer gibt es unterschiedliche Angebote, z. B. einen literarisch-detektivischen Spaziergang mit Emil, ein Sommerfest, Pantomime oder Musik; Details und Termine auf der Website.

Miniaturpark – Die kleine Sächsische Schweiz ➡ bD6
Schustergasse 8, Dorf Wehlen
S2 bis Pirna, dann Bus 238
✆ (03 50 24) 706 31
www.kleine-saechsische-schweiz.de
Ende März–Anfang Nov. tägl. 10–18 Uhr
Eintritt € 10/7, Familienticket € 26
Alle Sehenswürdigkeiten und Ausflugsziele der Sächsisch-Böhmischen Schweiz sind in Verkleinerung nahe beieinander und auf Augenhöhe der Kinder zu bestaunen, auch die berühmte Burg Stolpen, in die August der Starke seine Mätresse verbannte.

Technische Sammlungen Dresden
Vgl. S. 89
Licht, Technik, Mathematik und Physik. Hier werden die Jüngsten spielerisch an die Naturwissenschaften herangeführt.

Die Ausstellung Straßenverkehr präsentiert im Lichthof des Verkehrsmuseums überwiegend Automobile aus den traditions- reichen Autoländern Sachsen und Thüringen

tjg. theater junge generation – Puppentheater ➡ aC1
Im Kraftwerk Mitte, Wettiner Platz 7
Tram: Bahnhof-Mitte
℡ (03 51) 320 42-777, www.tjg-dresden.de
Das Theater für die Jüngsten ist ins Kraftwerk umge-
zogen.

Verkehrsmuseum Dresden
Vgl. S. 90
Reise in die Welt der Mobilität – zu Lande, zu Wasser
und in der Luft.

Zoologischer Garten ➡ J6/7
Tiergartenstr. 1, im Südwesten des Großen Gartens
Tram: Zoo

Pinguin im Zoologischen Garten

℡ (03 51) 47 80 60, www.zoo-dresden.de
Tägl. ab 8.30, Sommer bis 18.30, Frühling und Herbst
bis 17.30, Winter bis 16.30 Uhr
Eintritt € 13/5 (3–16 J.), Familienticket € 33
Die Zoologie begann 1861 mit einer spektakulären
Orang-Utan-Zucht. Das Zoogelände ist 13 ha groß und
das Zuhause von rund 2500 Tieren. Speziell für Kinder
gibt es einen Streichelzoo, dazu ein Ponygehege und
sechs Spielplätze. Der Zoo hat einen eigenen Bahnhof.
Von März bis Oktober hält dort die Parkeisenbahn und
lädt zur kostenlosen Fahrt ein. ■

*Flamingokolonie im Dresdner
Zoo*

Erholung und Sport
Parks, Quartiere, sportliche Aktivitäten

Dresdens herrliche Barockkulisse und der Anblick der mäandernden Elbe mit ihren alten Raddampfern und den lieblichen Elbwiesen ist allein schon Erholung. Auch Sport ist ein Markenzeichen der Kulturstadt. Dazu gehören für Walker, Wanderer und Mountainbiker die Elbauen und das wunderbare Hügel-und-Tal-Umfeld der Stadt – etwa die Route der Sächsischen Weinstraße. Es gibt auch ein vorzügliches Hallenangebot von der Handball- bis zur Schwimmhalle, und die Stadt profilierte sich in den letzten Jahren als Skatermetropole.

Parks und Quartiere

Bürgerwiese und Blüherpark ➡ H6/7
Die lang gezogene Parkanlage Bürgerwiese ist eine der bedeutenden Gartenanlagen des 19. Jahrhunderts. Bürger legten sie zunächst an, holten sich dann aber einen Fachmann, den preußischen Gartenarchitekten Peter Joseph Lenné, der 1858–63 das Areal an der Peripherie des Stadtzentrums gestaltete. Das Mozartdenkmal wurde 1907 aufgestellt. Der sich im Nordosten anschließende Blüherpark wird vom Hygiene-Museum als Heilpflanzengarten genutzt.

Marmorgruppe »Venus, Amor die Flügel beschneidend« in der Bürgerwiese

✳ Gartenstadt Hellerau ➡ bA4
Tram: Festspielhaus Hellerau
www.hellerau.org
www.festspielhaus-hellerau.de
www.dwh.de
Die Vorortsiedlung war Deutschlands erstes architektonisches Gesamtkunstwerk – eine Einheit von Wohnen und Arbeit, Kultur und Bildung. Ein generalstabsmäßig geplanter Organismus aus 345 Landhäusern, Geschäften, Marktplatz, Badehaus, Praxen und Wohnheimen.
Geistiger und optischer Mittelpunkt der Siedlung ist das 1911 eröffnete Festspielhaus. Der Bau von Heinrich Tessenow lockte vor dem Ersten Weltkrieg Künstler wie Emil Nolde, Franz Kafka, Oskar Kokoschka oder Stefan Zweig an. Für sie war Hellerau ein Ort der Avantgarde.

Die Häuserzeile von Richard Riemerschmid in Hellerau

Man sollte den seit 1950 eingemeindeten Stadtteil zu Fuß erkunden, die Sichtachsen zwischen den geschlossenen Straßenzügen sind überraschend.

Auch ein Besuch der Deutschen Werkstätten Hellerau ist möglich, es war das erste Unternehmen in Deutschland, das moderne Möbel industriell fertigte.

Großer Garten ➡ G5–K9

Welche Stadt hat in unmittelbarer Nähe zum Zentrum eine solche grüne Oase? Der Große Garten ist 2 km lang und 1 km breit, ab 1676 war er kurfürstlicher Jagdgarten. Im Jahr 1873 wurde der Park zum englischen Landschaftsgarten umgestaltet. Am Nordrand liegt der 3,25 ha große **Botanische Garten** der TU Dresden. In Freianlagen und Schauhäusern wachsen rund 10 000 Pflanzenarten aus allen Regionen und Klimazonen der Erde. Der Garten und die Gewächshäuser können gratis besichtigt werden.

Das **Palais** im Großen Garten war Dresdens erster Barockbau, darin sind Skulpturen von Balthasar Permoser und anderen Bildhauern zu sehen. Auf dem **Carolasee** kann man rudern, mit der Parkeisenbahn eine Runde drehen. Auch Dresdens größter Biergarten ist im Park, die **Torwirtschaft** (✆ 03 51-459 52 00, www.torwirtschaft-dresden.de, im Sommer tägl. ab 11, März–Nov. Mo–Fr ab 16, Sa/So/Fei ab 11 Uhr), das **Carolaschlösschen** beherbergt heute ein Restaurant (www.carolaschloesschen.de).

Eingang des Internationalen Congress Centers Dresden bei Sonnenuntergang

Internationales Congress Center Dresden (ICCD)
➡ E4
Devrientstraße, Ostra-Ufer 2
www.dresden-congresscenter.de
Das Schönste an diesem markanten Stück moderner Architektur ist die breite, flach abfallende Flanierrampe. Man kann über große Platten, im Dunkeln von Scheinwerfern aus dem Boden erleuchtet, laufen, gegenläufig zum Wasserstrom der Elbe. Die leicht schräge Terrasse endet an einer weiten Freitreppe, die ein beliebtes Fotomotiv ist. Obwohl alles in grau gehalten ist, wirkt das Ganze anziehend. Ausgedacht haben sich das die Architekten Hinrich Storch und Walter Ehlers aus Hannover. Der Blick auf die Elbe ist einzigartig, weil er den Schwung des Flusses erfasst.

Konzertplatz Weißer Hirsch ➡ D14
Stechgrundstraße
Tram, Bus 261: Plattleite
www.konzertplatz-weisser-hirsch.de
Biergarten Mi–Sa ab 15, So/Fei ab 10 Uhr
Der Konzertplatz Weißer Hirsch ist ein Biergarten am Rande der Dresdner Heide – einem der größten Stadtwälder Deutschlands – im Stadtteil Weißer Hirsch. Eröffnet wurde er 2009 vom Sternekoch Stefan Hermann, der Feinschmeckern durch das Bean & Beluga bekannt ist – ein Gourmet-Restaurant, das sich ebenfalls hier befindet und unter anderem mit einem Michelin-Stern ausgezeichnet ist (vgl. S. 129). Das Areal im Stadtwald wurde seit 1993 nicht mehr genutzt, 2009 erwachte es zum Leben: Herzstück ist die aufwendig sanierte,

denkmalgeschützte Konzertmuschel, mit der ein fast magisch wirkender Ort entstand, an dem jeder Besucher seinen Lieblingsplatz findet: Die speziell angelegte Brunch-Wiese, wo man im Sommer mit vorbestelltem Picknick frühstücken kann, die Bierbank an der liebevoll wieder hergerichteten Balustrade mit Blick auf die Konzertmuschel, der Spielplatz mit dem großen Holzklettergerüst oder der malerische Wald mit seinen hohen Laubbäumen und schimmernden Lichtungen.

Stars wie Annett Louisan, Wolfgang Niedecken, Jan-Josef Liefers und die Münchener Freiheit treten hier auf, das SCHAUBURG-Hirschkino zeigt ausgewählte Filme aller Genres, Comedy-Größen wie Kurt Krömer und Olaf Schubert spielen ihre Shows. Der Familienbrunch und das Puppentheater in der Konzertmuschel locken im Sommer auch schon am Sonntagvormittag die Gäste an.

Was vor hundert Jahren die angesagte Location war für Konzerte, Sommerbälle und Tanztees, ist heute wieder eine erste Adresse, ein Stück Geschichte, Kultur und Lebensfreude.

Kunstquartier Barockviertel ➡ aA/bB3/4
www.barockviertel.de
Das Viertel vis à vis der berühmten Altstadt ist nur durch einen Brückenschlag (Augustusbrücke) zu erreichen, es verdankt seine Entstehung der regen Bautätigkeit

»Dresdner Winter«: Von November bis Januar verwandelt sich der Konzertplatz Weißer Hirsch in einen der schönsten Orte für winterliches Vergnügen

Augusts des Starken. Von den Bombenangriffen 1945 blieb das Barockviertel verschont, die SED-Baupolitik hätte es fast zugrunde gerichtet. Der Reiz des einzigartigen Viertels liegt in der Individualität – hier wird noch typische Dresdner Lebensart konserviert.

Neumarkt ➡ aC3

Jede Stadt braucht ihre gute Stube, die für ihre Gäste herausgeputzt wird. In Dresden ist das der rund um die Frauenkirche angesiedelte Neumarkt. Die rekonstruierten Bürgerhäuser wirken wie aus dem Ei gepellt. Der Neumarkt war bis 1945 ein geschlossenes Flächendenkmal bürgerlicher Barockbauten von europäischem Rang. Dass die Stadt dies zurückgewonnen hat, es aber nicht zum Freilichtmuseum wurde, ist eine stadtplanerische Leistung, die vor allem den Denkmalpflegern zu verdanken ist.

Sportliche Aktivitäten

Wandern auf dem Sächsischen Weinwanderweg
Sächsische Winzergenossenschaft Meißen
Bennoweg 9, Meißen, S1, 2: Meißen
✆ (025 21) 78 09 70
www.winzer-meissen.de, www.dresden-elbland.de
Die Wanderung durch Weinberge und an Winzerhöfen vorbei verläuft in markierten Etappen. Am Ende der

Die gute Stube der Stadt: der Neumarkt rund um die Frauenkirche

Blick über die Weinberge von Wackerbarth

ersten Etappe von Pirna nach Graupa liegt der könig-
liche Weinberg von Pillnitz, der heute mit ökologischem
Weinbau von Klaus Zimmerling betrieben wird. Mön-
che brachten im 12. Jh. den Wein hierher. Die zweite
Etappe geht über Wachwitz, Loschwitz nach Radebeul,
die dritte zum Schloss Wackerbarth, die vierte nach
Meißen, die fünfte zum Schloss Proschwitz und die
sechste nach Diesbar-Seußlitz. In den Weingütern am
Weg sind Verkostungen und Einkäufe möglich. Man
kann die Etappen auch als Tagestouren wandern, insgesamt ist der Wanderweg etwas über 50 km lang.
Die Landschaft mit ihren zwischen Hügeln versteckten
Dörfern ist leicht gebirgig, starke Anstiege gibt es aber
nur selten.

Fahrradfahren:

Durch Dresden führt der **Elberadweg**, eine der schönsten Strecken Deutschlands (www.elberadweg.de). Auch
in der Stadt macht Radfahren Spaß, besonders am Fluss.

Fahrradverleih:
GIANT
Glacisstr. 5, am Elberadweg ➡ aB5
✆ (0151) 25 20 00 80, (03 51) 48 52 15 88
www.mietstation-dresden.de
Mo–Sa 10–13 und 14–18, So 10–13 und 16–19 Uhr
Cityrad € 10/1 Tag, E-Bike € 25/1 Tag

*Der Elberadweg wird strecken-
weise von einem Wanderweg
begleitet*

Rollon Dresden ➡ C6
Königsbrücker Str. 4 A
✆ (01522) 267 34 60, (03 51) 214 25 01
www.rollondresden.de
Mo–Fr 10–15 Uhr, Sa nach Vereinbarung
Cityrad € 10/1 Tag, E-Bike € 25/1 Tag
Green Bike ➡ aC4
Töpferstr. 3
✆ (0170) 988 99 20
www.dresden-fahrradvermietung.de
Mo–Fr 9.30–12.30, Sa/So 9.30–13 und 14–17 Uhr
Cityrad € 7/1 Tag, E-Bike € 20/1 Tag

Laufen:

Internationaler Citylauf
✆ (03 51) 417 45 89, www.citylauf-dresden.de
Alljährlich im März
Entlang der Elbe und durch die Innenstadt, die gesperrt
wird. Start und Ende sind an der Goldenen Pforte des
Rathauses.
Weitere Laufveranstaltungen: www.laufszene-sachsen.de,
www.dresden-marathon.de, www.oberelbe-marathon.de

Skaten:

Jeden Freitag zwischen April und September bewe-
gen sich Tausende Skater auf einer 20 km langen Runde durch Dresden. Man trifft sich zum Nachtskaten
an der Halfpipe des Skateparks an der Lingnerallee

(www.nachtskatendresden.de) um 20 Uhr, ab 21 Uhr beginnt das Rollen, die Straßen der Innenstadt sind dann für den Autoverkehr gesperrt.

Der Skatepark gegenüber dem Rathaus ist frei zugänglich.

Bäder:
www.dresdner-baeder.de

FKK-Strandbad Wostra ➡ bC5
Wilhelm-Weitling-Str. 39
Tram: Meußlitzer Straße, dann Bus 86: Freibad Wostra
☎ (03 51) 201 32 38, www.dresdner-baeder.de
Mai–Mitte Sept. tägl. 9–19, Mitte Juni–Mitte Aug. bis 20 Uhr, Eintritt € 3/1,70
Beliebtes Bad mit schön gelegenem Naturteich, Wasserfläche 15 000 m², Strand und Liegeflächen im Grünen, Volleyballfeld und Kegelanlage. Familienorientiert, sehr selbstverständlicher Umgang mit Nacktheit. Imbissbetrieb.

Freibad und Schwimmhalle Prohlis ➡ bD4
Senftenbergerstr. 58, Tram: Prohlis
☎ (03 51) 284 31 61, www.dresdner-baeder.de
Freibad tägl. Mai 9–19, Juni–Mitte Aug. 9–20, Mitte Aug.–Mitte Sept. 9–19 Uhr, Eintritt 2 Std. € 3,50/2,50
Derzeit im Umbau

Zum Sonnenuntergang am Elbufer skaten

Besonders bei Familien beliebt, 1300 m² Wasserfläche. Originelle Wasserrutsche und große Liegeflächen. Mit einfachem Lokal.

Georg-Arnhold-Bad ➡ H6
Helmut-Schön-Allee 2, Tram: Großer Garten
✆ (03 51) 494 22 03
www.dresdner-baeder.de
Tägl. 9/10–21/22 Uhr, 2 Std. € 7/3,50
Die solarbeheizte Beckenanlage ist ökologisch vorbildlich, die Wasserfläche zählt 950 m². Viele Schwimmer, die aus sportlichen Gründen kommen. Mit 16-Meter-Rutsche und Imbiss, ohne Sprunganlage.

Sandstrand:

Citybeach ➡ D4
Leipziger Str. 31, Tram: Alter Schlachthof
✆ (03 51) 30 71 00 65, www.citybeachdresden.de
Mai–Sept. bei schönem Wetter ab 10 Uhr, freier Eintritt
Mediterranes Flair an Dresdens schönsten Stadtstränden. Mit Beachvolleyballfeldern, Boule-Flächen, weichem Sand, Pools und Wellness sowie Gastronomie. ∎

Das Georg-Arnhold-Bad verfügt sowohl über einen Freibad- als auch einen Hallenbereich

Beliebt: die Elbwiesen

Ansicht von Dresden auf einem Kupferstich von Georg Braun und Frans Hogenberg (Köln, 1572)

Daten zur Stadtgeschichte

4000 v. Chr. Erste Niederlassungen auf dem linken Elbufer; ab 1400 v. Chr. beiderseits der Elbe. Zur Zeitenwende besiedeln Germanen die Region. 600 n. Chr. nehmen Slawen das Gebiet in Besitz.

6 Jh. v. Chr. Verschiedene Stämme wandern durch den Elbraum, werden zeitweise ansässig. Die Region gilt als keltisch-germanisches Durchdringungsgebiet.

1 Jh. n. Chr. Die germanischen Hermunduren gelangen zur Vorherrschaft.

4 Jh. n. Chr. Nach dem Abzug der Germanen übernehmen sorbische Stämme friedlich von dem freigewordenen Land Besitz. Viele der heutigen Flur-, Gewässer- und Ortsnamen gehen auf diese Zeit zurück.

10. Jh. König Heinrich I. unterwirft die Slawen. 929 kommt es zur Gründung der Burg Meißen.

13. Jh. »Dresdene« wird 1206 erstmals urkundlich erwähnt, 1216 wird Dresden in einer anderen Urkunde als Stadt benannt.

14. Jh. Unter Markgraf Wilhelm I. entwickelt sich Dresden ab 1382 zur Residenzstadt. 1370 wird die Besiedlung und Bebauung der anderen Uferseite, Altdresden, urkundlich festgehalten.

15. Jh. Dresden wird ständige Residenz der Wettiner. 1491 brennt fast die Hälfte der Stadt nieder. Neueste Ausgrabungen belegen für diese

Zeit den Bau der ersten Elbbrücke an der Stelle der heutigen Augustusbrücke, deren Baubeginn bisher ins 13. Jh. datiert worden war.

16. Jh. Reformatorische Bestrebungen. 1518 predigt Martin Luther in Dresden. Unter Herzog Heinrich dem Frommen wird 1539 der reformatorische Glauben eingeführt. Unter Herzog Moritz entwickelt sich Dresden zur führenden protestantischen Metropole. 1550 wird Altendresden – aus dem sich später die Neustadt entwickelt – eingegliedert.

17. Jh. Während des Dreißigjährigen Krieges wird Dresden geplündert. Ein Großbrand in Altendresden vernichtet zwei Drittel des Stadtteils. 1694 übernimmt Friedrich August I., August der Starke, die Regierung. Drei Jahre später wird er König von Polen. Dresden entwickelt sich zur Kunst- und Kulturmetropole von europäischem Rang (»Elb-Florenz«).

Martin Luther; sein Porträt malte Lucas Cranach d. Ä. 1543

18. Jh. Anfang des Jh. wird die Malerakademie, die spätere Dresdner Kunstakademie, gegründet. 1729 leben 46 000 Menschen in Dresden. Im Siebenjährigen Krieg unterliegt Sachsen den Preußen. Große Teile der Altstadt werden zerstört. 1785 vollendet Friedrich Schiller in Dresden seine »Ode an die Freude«.

19. Jh. Napoleon zieht 1807 in Dresden ein. Ab 1830 finden bürgerliche Reformen in Sachsen statt. Der Dresdner »Maiaufstand« von 1849 wird blutig niedergeschlagen. Richard Wagner und Gottfried Semper müssen die Stadt danach verlassen. Mitte des Jahrhunderts wird das Hoftheater (erste Semperoper) erbaut und die erste deutsche Eisenbahnfernverbindung von Leipzig nach Dresden wird eingeweiht.

August der Starke, gemalt von Louis de Silvestre, 1723

Dresdens Entwicklung als Industriestadt (besonders Präzisionsmaschinenbau) beginnt. In den siebziger Jahren wird das Opernhaus (zweite Semperoper) nach einem Brand wieder errichtet und später die Brühlsche Terrasse bebaut, Albertinum, Kunstakademie und Landtagsgebäude entstehen.

Das Königlich-Sächsische Hoftheater, der erste Bau Gottfried Sempers, fiel 1869 einem Brand zum Opfer

Dresden nach 1945

1902	Durch Eingemeindung von elf Vororten wächst die Einwohnerzahl auf 500 000.
1918	Absetzung der sächsischen Monarchie während der Novemberrevolution und Ausrufung der Republik.
1920	Dresden wird Hauptstadt des Freistaates Sachsen.
1933	Nationalsozialisten besetzen alle Schlüsselpositionen in der Stadt.
1945	In den Nächten vom 13. bis zum 15. Februar zerstören die Bomben britischer und amerikanischer Fliegerverbände die Stadt. Tausende von Menschen sterben einen grausamen Tod. Unwiederbringliche Kunst- und Kulturschätze gehen verloren. Im Mai beginnt die sowjetische Besatzung.
1949	Gründung der DDR am 7. Oktober.
1952	Auflösung der Landesregierung Sachsen. Die DDR wird in Bezirke aufgeteilt, Dresden wird Hauptstadt des gleichnamigen Bezirks. Der Neuaufbau des Stadtzentrums beginnt 1953 am Altmarkt.
1956	Rückgabe wertvoller Kunstsammlungen des Grünen Gewölbes, des Kupferstich-Kabinetts und anderer Museen durch die Sowjetunion.

Darunter befindet sich Raffaels berühmte »Sixtinische Madonna«.

1965 Als erstes historisches Gebäude entsteht der Zwinger wieder neu.

1985 Die dritte Semperoper wird mit Webers »Freischütz« wieder eröffnet. Im Jahr darauf beginnt der Wiederaufbau des Schlosses.

1989 Die Montagsdemonstrationen leiten in der DDR die friedliche Revolution und damit die »Wende« ein (9. November).

1990 Neubildung des Freistaates Sachsen mit Dresden als Hauptstadt. Bei den Landtagswahlen wird die CDU unter Kurt Biedenkopf stärkste Partei.

1993 Die Frauenkirche ersteht dank vieler Spenden aus ihren Trümmern wieder auf.

1995 Einweihung des neuen Glockenspiels im Zwinger. Das Taschenbergpalais ist als Hotel wieder aufgebaut.

2001 Einweihung der neu errichteten Dresdner Synagoge.

2002 Eröffnung der »Gläsernen Manufaktur« der Volkswagen AG am Straßburger Platz.

Durch die Überschwemmung von Elbe und Weißeritz kommt es im August zu einer Flutkatastrophe in der Innenstadt.

2004 Das Grüne Gewölbe kehrt an seinen Ursprungsort, das rekonstruierte Residenzschloss, zurück.

In neuem Glanz: Dresdens wiederaufgebaute Frauenkirche

2005	Am 30. Oktober wird die wiederaufgebaute Frauenkirche feierlich geweiht.
2006/07	Der Baubeginn der Waldschlösschenbrücke wird vom Dresdner Verwaltungsgericht zwischenzeitlich gestoppt. Die UNESCO droht mit der Aberkennung von Dresdens Kulturerbe-Status.
2009	Dresdens Elbtal verliert wegen des Baus der Waldschlösschenbrücke den UNESCO-Welterbestatus.
2012	Der Dirigent Christian Thielemann übernimmt die Leitung der Dresdner Staatskapelle.
2013	Beim Hochwasser im Juni steigt der Elbepegel in Dresden auf fast neun Meter.
	Am 25. August wird die umstrittene Waldschlösschenbrücke eröffnet.
2015	Die von Dresden ausgehende Pegida-Bewegung gegen eine vermeintliche Islamisierung Europas macht Stimmung gegen Flüchtlinge und löst weltweit Beunruhigung aus.
2016	Mit dem Projekt »Klingende Stadt«, einer Initiative von Jan Vogler, Cellist und Intendant der Dresdner Musikfestspiele, setzen sich Zigtausende Dresdner musikalisch für eine weltoffene, integrative Gesellschaft ein.
2020/21	Die Corona-Krise legt einen großen Teil des öffentlichen Lebens in der Stadt lahm. Die meisten Veranstaltungen und Feste fallen aus. ■

Die Waldschlösschenbrücke führt über die Elbe in Dresden

Das Dresdner Elbtal wurde 2009 aus der UNESCO-Welterbeliste gestrichen

Der Verlust des Weltkulturerbes

Das Elbtal ist eine von Dresdens Kostbarkeiten, 2004 wurde es von der UNESCO in die Weltkulturerbeliste aufgenommen. Als dann ausgerechnet zur 800-Jahr-Feier 2006 bekannt wurde, dass eine Brücke über das Elbtal hinweg gebaut werden sollte und damit eine jahrhundertealte, berühmte Ansicht ein für alle Mal zerstört werden würde, spaltete der Protest die Dresdner in zwei Lager. Eine Volksbefragung 2005 ergab, dass etwas mehr als die Hälfte der Bürger für die Ausführung des Projekts war. Der Tunnel als Alternative konnte sich nicht durchsetzen. Das Dresdner Regierungspräsidium ordnete Mitte 2006 den Brückenbau an. Die Gegner riefen das Verwaltungsgericht an, das den Baubeginn stoppte. Im März 2007 fiel die endgültige Entscheidung: Die Brücke wird gebaut.

Die UNESCO reagierte erst zögerlich, nahm Gesprächskontakt auf und kündigte für den Fall des Brückenbaus den Verlust des Welterbestatus an. Daraufhin kam es unter Brückenfürsprechern zu Trotzreaktionen, die Fronten verhärteten sich. Im Juni 2009 zog die UNESCO auf ihrer Jahrestagung die Konsequenzen und nahm das Dresdner Elbtal von der Liste. Mit einem Fest wurde die Brücke am 24. August 2013 eingeweiht.

*Flugzeug im Landeanflug
auf den Flughafen Dresden*

Anreise

Mit dem Flugzeug
Der **Flughafen Klotzsche** ➡ bA4 liegt 9 km vom Stadtzentrum entfernt. Seit der Einweihung des hochmo-
dernen, unterirdischen Bahnhofsterminals am Flughafen gibt es eine bequeme S-Bahn-Verbindung (S2)
vom Flughafen zum Hauptbahnhof und zum Bahnhof
Neustadt.
Auskunft ✆ (03 51) 881 33 60 (7–23 Uhr) und unter
www.dresden-airport.de.

Mit der Bahn
Aus allen Richtungen werden Dresdens Bahnhöfe
Hauptbahnhof ➡ aF2 und **Neustadt** ➡ D5 von ICE-, IC-,
IR- und Regionalzügen angefahren. Auskunft deutsch-
landweit: ✆ 0180-699 66 33.

Dresden in Zahlen und Fakten

Alter: über 800 Jahre, 1206 gegründet.
Fläche: 328,3 km², an vierter Stelle bundesdeutscher Großstädte (nach Berlin, Hamburg, Köln), davon sind etwa 25 % Wald- und Erholungsflächen.
Lage: Sachsens Hauptstadt liegt im südöstlichen Teil des Freistaates. Dresden ist in 19 Stadtbezirke gegliedert.
Einwohner: ca. 562 000
Einwohnerdichte: ca. 1712 Einwohner pro km²
Bevölkerungszusammensetzung: 7,4 % Ausländeranteil
Klima/Temperaturen: Feuchte, kühl-gemäßigte Klimazone, die Jahresmitteltemperatur beträgt 9,9 °C, damit gehört Dresden zu den wärmsten Städten Deutschlands.
Bildung: Rund 30 technologische und wissenschaftliche Institute haben ihren Sitz in Dresden, darunter die TU Dresden und die Hochschule für Technik und Wirtschaft.
Wirtschaft: Vor allem Unternehmen aus den Bereichen Mikroelektronik, Informations- und Biotechnologie sowie Elektrotechnik sind in Dresden angesiedelt.
Tourismus: Etwa 2,3 Mio. Übernachtungen werden verzeichnet; der Anteil ausländischer Touristen liegt bei gut 20 %, die meisten davon aus den USA, gefolgt von Touristen aus der Schweiz und aus Japan.

Verbindung zwischen der Altstadt und der Inneren Neustadt: die Augustusbrücke

Mit dem Auto

Man erreicht Dresden über die Autobahn A4 aus Richtung Chemnitz, über die A13 aus Richtung Berlin sowie über die A14/A4 aus Richtung Leipzig. Über die Ausfahrt »Wilder Mann« gelangt man tagsüber schneller in die Stadt als über die oft verstopften Ausfahrten »Altstadt« und »Neustadt«.

Auskunft

Dresden Information ➡ aC4
– An der Frauenkirche
QF Passage, Neumarkt 2
Mo–Fr 10–19, Sa 10–18, So 10–15 Uhr
– Im Hauptbahnhof ➡ aF2
Wiener Platz 4
Tägl. 9–19 Uhr
✆ (03 51) 50 15 01 (Hotline), www.dresden-tourist.de
Informationen, Übernachtungen, Pauschalangebote, Stadtführungen und -rundfahrten, Veranstaltungskarten, Souvenirs.

Traditionell findet die Dampferparade am 1. Mai mit historischen Raddampfern statt. Im Hintergrund: Albertbrücke, Frauenkirche, Kuppel der Kunstakademie

Beim Stadtrundgang sehen Besucher auch den Fürstenzug, ein 102 Meter langes Wandbild aus Meissener Porzellankacheln

In den Tourist Informationen kann man die Dresden Welcome Cards erwerben. Die Museums Card gilt zwei Tage lang, kostet € 22 und gewährt etliche Ermäßigungen sowie freien Eintritt in zahlreiche Museen. Die Dresden City Card gewährt freie Fahrt mit Bus und Bahn in Dresden sowie Ermäßigungen bei zahlreichen Restaurants, Museen, Geschäften, Touren und Veranstaltungen. Die Karten für 1/2/3 Tage kosten € 13/19/27, auch eine Version für die Familie ist erhältlich. Mit der Dresden Regio Card (€ 21/37/48) kann man auch ins Umland fahren. Die Karten können auch online bestellt werden. Unter www.dresden.de findet man zudem eine Broschüre, die alle Welcome Cards vorstellt.

Feste, Veranstaltungen, Messen

Im Freistaat Sachsen gelten die in Deutschland üblichen Feiertage, außerdem ist der **Buß- und Bettag** arbeitsfrei.

Orte und Zeiten für die hier genannten Veranstaltungen sind auch im monatlich erscheinenden **Kulturkalender** zu finden.

Feste und Veranstaltungen:

Januar/Februar
SemperOpernball – Das gesellschaftliche Großereignis des Jahres, Vorbild ist der Wiener Opernball (Infos unter ✆ 03 51-484 54 66, www.semperopernball.de).

Zum Abschluss des Dixieland-Festivals gibt es eine große Parade zum Theaterplatz

März
Hutball – Zum Ball, der alljährlich im Parkhotel stattfindet, und zur Party am Tag darauf oder davor trägt man Kopfbedeckung (www.hutball.de).

April
Internationales Festival für Animations- und Kurzfilm – In Dresdner Kinos werden über 1000 Kurzfilme aus rund 50 Ländern gezeigt, diskutiert und von einer internationalen Jury bewertet (℡ 03 51-82 94 70, www.filmfest-dresden.de).

Zur **Internationalen Tanztheaterwoche** gibt es in Dresden modernes Tanztheater (℡ 03 51-810 76 00, www.tanzwoche.de).

TONLAGEN – Dresdner Festival der zeitgenössischen Musik – Musiktheater, Sinfonik, Tanz, Filmmusik und multimediale Performance im Festspielhaus Hellerau (www.hellerau.org).

Mai
Dampferparade – Am 1. Mai beeindruckt die Flottenparade der Sächsischen Dampfschifffahrt mit historischen Raddampfern.

Dixieland-Festival – Die größte Veranstaltung dieser Art in Europa findet seit 1971 in der zweiten Maiwoche statt. Dazu kommen etwa 250 Oldtime-Bands aus aller Welt. Das Ganze gipfelt in der großen Parade zur Jam Session am Theaterplatz (www.dixielandfestival-dresden.com).

Konzerte und Ballettaufführungen der Landesbühnen Sachsen finden zwischen Mai und September im Zwinger unter freiem Himmel und im Marmorsaal statt.
In Radebeul gehen die **Karl-May-Festtage** mit echten zugereisten Indianern aus Nordamerika am Wochenende nach Himmelfahrt über die Bühne (℡ 03 51-831 16 00, www.karl-may-fest.de).

Ende Mai/Anfang Juni
Dresdner Musikfestspiele – Sie sind meist einem Komponisten gewidmet und versammeln internationale Orchester (Auskünfte und Kartenvorbestellung: persönlich in der Schinkelwache, Sophienstraße, unter ℡ 03 51-65 60 67 00, www.musikfestspiele.com).

Juni
Elbhangfest in den Stadtteilen Loschwitz, Wachwitz, Hosterwitz und Pillnitz. Hier feierten schon August der Starke und die Romantiker von E. T. A. Hoffmann bis Ludwig Tieck sowie Künstler wie Caspar David Friedrich (www.elbhangfest.de).
Bunte Republik Neustadt – Partys, Freiluftkonzerte, Kunstauktionen, Klamauk auf Straßen, Plätzen und in

An der Tafel mit August dem Starken beim Dresdner Stadtfest

Hinterhöfen der Äußeren Neustadt. Traditionell wird am dritten Juni-Wochenende die BRN ausgerufen (https://brn-dresden.de).

Zur **Langen Nacht der Wissenschaften** sind Hochschulen und außeruniversitäre Einrichtungen geöffnet. Wissenschaftler diskutieren mit Besuchern, zwischen den verschiedenen Standorten verkehren Pendelbusse (www.wissenschaftsnacht-dresden.de).

Juli

Museums-Sommernacht – Die Museen haben bis 1 Uhr geöffnet, außerdem gibt es Veranstaltungen (http://museumsnacht.dresden.de).

Dresdner Schlössernacht – Feiern auf Schloss Albrechtsberg, Lingnerschloss und Schloss Eckberg mit zahlreichen Konzerten (www.schlössernacht-dresden.de).

Juli/August

Filmnächte am Elbufer – Open-Air-Kino und Konzerte am Neustädter Königsufer (http://dresden.filmnaechte.de).

OSTRALE – Internationale Künstler der zeitgenössischen bildenden Künste aus über 30 Ländern stellen ihre Arbeiten im Ostragehege am Messering vor (www.ostrale.de).

Dresden singt und musiziert bei den Musikfestspielen

Das 55 Meter hohe Riesenrad erleuchtet nachts das Stadtfest

August
Moritzburg Festival – bedeutendes Kammermusikfestival (www.moritzburgfestival.de).
Die **Pillnitzer Schlossnacht** findet im Gesamtkunstwerk des Schlosses und mit internationalen Gästen statt (www.schlosspillnitz.de).
Mitte des Monats gibt es **CANALETTO – Das Dresdner Stadtfest**, ein dreitägiges Spektakel mit prunkvollem historischem Festumzug und 15 thematisch gestalteten Festschauspielplätzen (www.canaletto-fest.de).
Tage des offenen Weingutes – Ende August werden entlang der Sächsischen Weinstraße von Dresden bis Diesbar-Seußlitz Weinproben und Führungen angeboten (www.dresden-elbland.de).

September/Oktober
Dresdner Herbstfest auf dem Volksfestgelände an der Pieschener Allee (https://rummel-dresden.de).

Anfang November
Jazztage Dresden – Bekanntes Jazzfestival mit internationalen Musikern und deutschen Jazz-Größen (www.jazztage-dresden.de).

Weihnachtspyramide vor der Frauenkirche

Ende November bis Weihnachten
Striezelmarkt – Der älteste Weihnachtsmarkt Deutschlands findet seit fast 600 Jahren auf dem Altmarkt statt. Im strahlenden Lichterglanz wird an Ständen neben Kulinarischem – Pulsnitzer Lebkuchen gibt es nur hier – die Volkskunst des Erzgebirges offeriert. Nussknacker und Räuchermännchen, Weihnachtspyramiden und Schwibbögen, Holz- und Blechspielzeug sowie Keramik aus der Lausitz.

Namensgebend ist der Striezel, der patentgeschützte Dresdner Christstollen mit Echtheitssiegel, über dessen Ingredienzien die Bäcker nie ins Detail gehen. Am zweiten Adventssamstag bringen sie traditionell einen Riesenstollen von 3800 kg in einem Festumzug durch die Altstadt zum Striezelmarkt. Schon August der Starke ließ unter einem Riesenchristbaum und einer 14 m hohen Weihnachtspyramide 20 000 Stollenstücke verteilen. Tradition verpflichtet.

Christmas Garden – Unzählige aufwendig illuminierte Installationen und Millionen von Lichtpunkten verzaubern jedes Jahr in der Vorweihnachtszeit die Besucher auf dem weitläufigen Freigelände von Schloss & Park Pillnitz. Unter freiem Himmel findet täglich von 16.30 bis 22 Uhr der Christmas Garden statt (www.christmas-garden.de).

*Christmas Garden –
mit der Dämmerung beginnt
die magische Reise …*

Messen:

Messe Dresden ➡ C2/3
Messering 6, 01067 Dresden
Mit Pkw Abfahrt Dresden-Neustadt von der A 4, Bus 75: Messe Dresden, Tram 10: Messe
✆ (03 51) 445 80, www.messe-dresden.de
Die Dresdner Messegebäude verbinden das Flair historischer Industriebauten mit der architektonischen Moderne. Das schafft Vielfalt und Atmosphäre. Es gibt Publikums- und Fachmessen, Tagungen und Kongresse, Partys, Konzerte und Sportevents. Auch für Firmenveranstaltungen steht das Gelände zur Verfügung – und für Nachtflohmärkte, Hundeleistungsschauen, Tanzveranstaltungen und anderes.

Die überdachte Fläche umfasst 23 000, das Freigelände 13 500 und das Open-Air-Gelände 32 000 Quadratmeter. Neben vier multifunktionalen Hallen gibt es auch die Räumlichkeiten des Tagungszentrums »Börse Dresden«.

Hinweise für Menschen mit Handicap

Unter www.dresden.de/barrierefrei finden Menschen mit Behinderung jeglicher Art Internetseiten mit wertvoller Information bezüglich Unterkunft, Gastronomie, Kultur, Freizeit und Verkehr.

Bei der Tourist Information erhält man Infos und die Broschüre »Dresden – für Gäste mit Handicap«. Sie

Modernisierter Plattenbau in der Güntzstraße in Dresdens Johannstadt

listet u. a. alle Hotels und ihre Einrichtungen auf und verweist auf spezielle Stadtführungen und Ausflüge in die nähere Umgebung. Außerdem gibt es ein Behindertentaxi: ℡ (03 51) 435 32 36.

Internet

www.dresden.de – Homepage der Stadt
www.dresden-tourist.de – Infos zu Unterkünften, Veranstaltungen und Tipps
www.cybersax.de – Online-Stadtmagazin mit Kunst- und Literaturthemen und Veranstaltungstipps
www.neustadt-ticker.de – über Dresdens Szeneviertel
www.filmnaechte-am-elbufer.de – Infos zum Open-Air-Kino am Elbufer
www.hot-map.com/de/dresden – Stadtplan
https://stadtplan.dresden.de – interaktiver Stadtplan
www.menschen-in-dresden.de – Stadtleben und Nachrichten
www.kneipensurfer.de – stellt diverse Lokale in der gesamten Stadt vor
www.schloesserland-sachsen.de – Infos zu Schlössern, Burgen und Gärten.

Dresden barrierefrei entdecken

Notfälle, wichtige Rufnummern

Vorwahl für Dresden ℡ 03 51
Polizei ℡ 110
Feuerwehr/Notruf ℡ 112
Sperr-Notruf für EC-, Kreditkarten, Handys ℡ 116 116
ADAC ℡ 01802-22 22 22 (Pannendienst)
Abschleppdienst: Abschleppservice Sachsen ℡ (03 51) 87 74 80 (rund um die Uhr)
Apotheken-Notbereitschaft ℡ 01 15 00
Ärztlicher Bereitschaftsdienst ℡ 116 117
Behindertenfahrdienst des DRK Sachsen ℡ (03 51) 46 78-216
Fundbüro im Ordnungsamt
Theaterstr. 13, Untergeschoss, Zi. K/K41
℡ (03 51) 488 59 96, Di, Do 9–18, Fr 9–12 Uhr, Mo, Mi geschl.
Zahnärztlicher Notfalldienst/Uni-Klinik ℡ (03 51) 458 36 70

Schöne Ausblicke bieten sich in der Sächsischen Schweiz

Presse, Stadtmagazine

Die am Ort herausgegebenen Tageszeitungen sind die *Dresdner Neuesten Nachrichten* und die *Sächsische Zeitung* sowie das Boulevardblatt *Dresdner Morgenpost.* Die sächsische Hauptstadt hat drei Stadtmagazine: *SAX, Blitz* und *Dresdner,* alle mit einem umfangreichen Veranstaltungskalender.

Sightseeing, Touren

Über die zahlreichen organisierten Stadtrundgänge und -fahrten oder Touren in die nähere Umgebung Dresdens informiert die Dresden Information (vgl. Auskunft).

Dampferrundfahrten:

Sächsische Dampfschiffahrts GmbH & Co., Conti Elbschifffahrts KG
℡ (03 51) 866 09-0
www.saechsische-dampfschifffahrt.de
April–Okt., ab Terrassenufer
Die »Stadtfahrt zu Wasser« (90 Min.) geht stromaufwärts: tägl. 11, 13, 15 und 16 Uhr. Die »Schlösserfahrt«

(3 Std. 15 Min.) führt vorbei an den Elbuferschlössern Albrechtsberg, Villa Stockhausen (Lingner-Schloss) und Schloss Eckberg bis zum Blauen Wunder und zum Schloss Pillnitz, tägl. 10, 12 und 14 Uhr.

Es gibt regelmäßige Verbindungen in die **Sächsische Schweiz**, so tägl. 9.30 Uhr nach Königstein und 10.15 Uhr nach Bad Schandau.

Die reizvolle Fahrt entlang der **Sächsischen Weinstraße** vom Dresdner Terrassenufer über Meißen nach Diesbar-Seußlitz beginnt Di–Sa um 9.45 Uhr.

Höhepunkte der Saison sind die **Dampferparaden**, die dreimal stattfinden: einmal am 1. Mai und zweimal im August während des Dampfschifffestes. Die Paradeformation aus historischen Raddampfern – darunter der mehr als 100 Jahre alte, technisch überholte Raddampfer »Krippen« – geht elbaufwärts. Am Schloss Pillnitz findet ein spektakuläres Wendemanöver statt, dann geht es elbabwärts zurück nach Dresden.

Liebevoll restauriert: der Raddampfer »Krippen« am Elbufer

Stadtbesichtigungen:

Igeltour Dresden
Löwenstr. 11, Zugang über Bautzner Str. 46 B
℡ (03 51) 804 45 57, www.igeltour-dresden.de
Büro Mo–Do 10–16, Fr 10–14 Uhr
Thematische Führungen wie Dresden klassisch, Grün erleben, Stadtteilgeschichte(n), Weintouren.

Führung durch das Weingut Jan Ulrich

Augustus Tours
Turnerweg 6
✆ (03 51) 56 34 80, www.augustustours.de
Individuelle Radreisen sowie Wander- und Weinreisen.
Auch Urlaub beim Winzer, Kulinarisches in Radebeul
oder Gourmet-Tage in Meißen sind im Programm.

Dresdner Stadtrundfahrt
Ab Stadtmuseum
✆ (03 51) 494 04 04, www.stadtrundfahrt-dresden.de
Mehrmals tägl., April–Okt. ab 9.30, März, Nov./Dez. ab
10, Jan./Feb. ab 11 Uhr, Ticket € 17
90-minütige Tour im roten Doppeldeckerbus.

Stadtrundfahrt der Dresden Information
✆ (03 51) 50 15 01
Tagsüber jede Stunde
Ticket pro Person ab € 20
Zu- und aussteigen kann man an insgesamt 22 Halte-
stellen.

Trabi-Safari
Meschwitzstr. 13
✆ (03 51) 30 20 10 30, www.trabi-safari.de
75 Min. pro Person ab € 49

*Der 1719 eingeweihte
Zwinger lädt seit 300 Jahren
zum Posieren ein*

Ob mit Dach oder als Cabrio, gestretcht oder in drang-
voller Enge, knallrot oder himmelblau, mit Fahrer oder
selbst am Steuer mit Vier-Gang-Handschaltung – die
Stadtrundfahrt mit dem Trabant ist ein Erlebnis.

*Etwas abseits vom Elberadweg
finden Mountainbiker an den
Weinbergen bei Lößnitz eigene
Herrausforderungen*

Segway-Touren ➡ aE2
Reitbahnstr. 35
✆ (03 51) 486 71 01, www.seg-tour-dresden.de
3-Stunden-Tour € 85
Treffpunkt Pullman Hotel in der Prager Straße; Voraus-
setzung: Führerschein Klasse B, Mindestalter 17 J.
Mit dem einachsigen Elektroroller Segway geht es auf
der **Classic Tour** zu den Attraktionen der Stadt, die **Elb
Tour** führt auf dem Elberadweg zum Blauen Wunder
und auf der anderen Elbseite zurück, begleitet von
einem Guide.

Tram 4
Die Straßenbahnlinie erlaubt eine preiswerte Stadtrundfahrt vorbei an allen bedeutsamen Sehenswürdigkeiten. Sie führt bis nach Weinböhla bei Radebeul.

*Ausstellung in der Porzellan-
manufaktur in Meißen*

Tipp: Neben der Sächsischen Schweiz und den Schlössern Moritzburg und Pillnitz gehört **Meißen** zu den attraktiven Ausflugszielen. Anreise: Mit der S-Bahn (S 1) oder den Dampfern der Sächsischen Dampfschiffahrts GmbH.

Linienbusse der OVPS und Busse der Regionallinien 216, 217, 219, 242, 245 befördern Gäste mit Fahrrädern (im Anhänger) in die Sächsische Schweiz und ins Elbtal (Anmeldung für Gruppen über 5 Personen: ✆ 035 01-711 10, www.vvo-fahrradbus.de).

Sprachhilfen für das Sächsische

Die Sachsen haben es gern *gemiedlich* und die Dresdner als Residenzstädter besonders. Das Solid-Friedliche, Gemächliche, bisweilen etwas Behäbige und ans Fatalistische grenzende ihres Wesens findet seinen Ausdruck in der Sprache. *Ostmeißnisch* nennen die Dialektforscher das milde Dresdner Idiom – milde und weich wie die Landschaft –, das ein wenig abweicht von den 21 Variationen der sächsischen Mundartlandschaft. Allen gemeinsam ist, dass der sächsische Sprachstil die Gutmütigkeit der Sachsen widerspiegelt, vor allem ihr Harmoniebedürfnis. Der Singsang der Dresdner strahlt Selbstbewusstsein aus, weil sie vielleicht wissen, dass ihr Dialekt der normgerechten deutschen Hochsprache, die Luther aus dem Meißner Kanzleideutsch entwickelte, besonders nahe steht. Das Sächsische, das heute allgemein als Verflachung des Hochdeutschen gilt, war die Wiege unserer neuhochdeutschen Literatursprache.

Gewandhaussächsisch nennen andere Sachsen das Idiom der Dresdner. Ein freundlicher, die Laute vielfach diphthongierender Singsang, der ohne saubere *As,* volltönende *Os* und stilreine *Is* auskommt. Genau das Richtige für Leute, die über ein gesundes, gegen die Widrigkeiten des Lebens gepolstertes Phlegma verfügen, die eben *Drahnduden* sind. In der Elbmetropole wird nicht gegraben, sondern *gebuddelt,* selbst wenn ein Bagger das Erdreich aushebt. Nachts in der Disco ruft der DJ: »*Heute wird Debs gemacht!*«, womit er seiner Hoffnung Ausdruck gibt, dass Stimmung aufkommt. Der überall in Sachsen beliebte Kartoffelbrei heißt *Mauke* – so kann auch Migräne genannt werden oder eine Entzündung der Hinterseite der Pferdefesseln, ein Vorrats-Ort für Obst oder eine grundsätzliche Lustlosigkeit *(keine Mauke haben).*

Beliebt sind bei Kindern *Blinsen* (Plinsen) aus der Pfanne, die man mit Butter bestreicht; und zum Abendbrot nimmt der Dresdner '*ne Bemme.* Wer dem Alkohol zugeneigt ist, *nibbelt,* auch wenn der Konsum exzessiv ausfallen sollte. Das Geld dafür muss sich *zusammenläppern,* aber auf legale Weise, um nicht *d'Hucke* voll zu kriegen und hoffen zu müssen, dass die Ehefrau nicht *dickscht* (von dick wie Dickkopf = schmollen).

Der Sachse sagt von sich, er sei *vichelant* (nach dem französischen vigilant = behende, wendig). Lehnt er etwas ab, raunzt er *escha.* Das kommt ihm nicht über die Lippen, wenn es um *Gaffee un Guchen* geht, die gehören einfach zum Leben. Schwacher Kaffee (meist koffeinfrei oder Malzkaffee) wird *Bliemchengaffee* genannt. Die einleuchtende Erklärung: Bei gefüllter Tasse kann man das früher übliche Blümchenmuster

Ein weltweiter Exportschlager: der originale Dresdner Christstollen

auf dem Tassenboden erkennen. Volkskundler verraten augenzwinkernd, wie *Bliemchengaffee* hergestellt wird: Eine Kaffeebohne wird an einem Zwirnsfaden so in die Sonne gehängt, dass der Schatten der Bohne in einen mit kochendem Wasser gefüllten Kessel fällt.

Fragt die Gastgeberin beim Kaffee »*Dädn se ooch noch e Stückl Guchen nähm?*«, ist damit gemeint, ob Sie auch noch ein Stück Kuchen möchten. Benimmt sich der Gast nicht ordentlich und krümelt beim Essen, wird er schon mal angefahren: »*Se ham ja ganz scheen gemooscht!*« Immer, wenn der Dresdner emotional reagiert, läuft er sprachlich zur reinen Dialektform auf. Das war schon bei König Friedrich August III. so, der im November 1918 abgesetzt wurde und daraufhin seinem Volk verkündet haben soll: »*Da macht doch eiern Dregg alleene!*«

Die Mundart der Dresdner gilt unter Sprachwissenschaftlern nicht nur als originell, sondern auch als schöpferisch. Zwar sind die Zeiten lange vorüber, als wohlhabende Bürger anderer deutscher Länder ihre Söhne nach Dresden schickten, damit sie richtig sprechen und schreiben lernen. Aber die Tradition ist immer noch eine stolze. »Ich rede nach der sächsischen canzeley, welcher nachfolgen alle könige und fürsten in Deutschland«, bekannte der Reformator Martin Luther, und der Anhalter Philip von Zeesen bescheinigt in seinem »Adriatischen Rosenmundt« aus dem Jahr 1640, dass man in Dresden »das zierlichste Hochdeutsch« spreche, »das man im Schreiben gebraucht«.

Ankunft in Dresden: Silhouette aus dem Zugfenster

DVB Straßenbahn vor der Messe Dresden

Verkehrsmittel

Nach Dresden führen sternförmig **Bundesstraßen,** die B6 von Meißen und Bautzen, die B97 von Cottbus, die B170 von Dippoldiswalde, die B172 von Pirna und die B173 von Freiberg. Rund um die Uhr geöffnete Tankstellen sind überall im Stadtgebiet zu finden.

Dresden hat den Vorteil, dass die meisten Sehenswürdigkeiten nahe beieinander liegen und leicht zu Fuß zu erreichen sind. **Straßenbahnen und Busse** des öffentlichen Nahverkehrs fahren überall hin. Die Tickets werden in den Verkehrsmitteln oder an Automaten gekauft. Neben Einzelfahrscheinen gibt es preiswerte Tages- und Familienkarten.

Ein Einzelfahrschein (gültig für 1 Std.) kostet € 2,50, für Kinder € 1,70 (6–14 J.), die Tageskarte € 6,50/5,50, die Familientageskarte (für 2 Erw. und bis zu 4 Kinder) € 10.

Die wichtigsten Ein- und Umsteigepunkte sind Hauptbahnhof, Postplatz und Pirnaischer Platz, in der Neustadt der Albertplatz. Sämtliche Straßenbahnlinien haben eine direkte Anbindung ans Stadtzentrum, halten entweder am Hauptbahnhof oder am Neustädter Bahnhof. Die wichtigsten Strecken werden tagsüber im Fünf-Minuten-Takt bedient. Fahrplanauskunft: Dresdner Verkehrsbetriebe, ℰ (03 51) 857 10 11 und unter www.dvb.de.

Die Außenbezirke sind mit der **S-Bahn** zu erreichen. Die S-Bahn fährt bis in die Dresdner Heide, nach Meißen, in den Tharandter Wald und über Pirna in die Sächsische Schweiz.

Die **App** DVBLive bringt die dynamischen Haltestellenanzeigen der Dresdner Verkehrsbetriebe aufs Smartphone, mit der App Taxi Dresden löst man in Sekundenschnelle einen Fahrauftrag aus. Wer lieber telefoniert: Das Taxi kommt unter ℰ 211 211. ■

Geschichte erfahren
am historischen Ort

Gedenkstätte Münchner Platz Dresden

www.muenchner-platz-dresden.de

Münchner Platz 3 | 01187 Dresden

Straßenbahn Linie 3

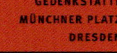

STIFTUNG
SÄCHSISCHE
GEDENKSTÄTTEN

Die **fetten** Seitenzahlen verweisen auf ausführliche Erwähnungen, *kursiv* gesetzte Begriffe bzw. Seitenzahlen beziehen sich auf den Service.

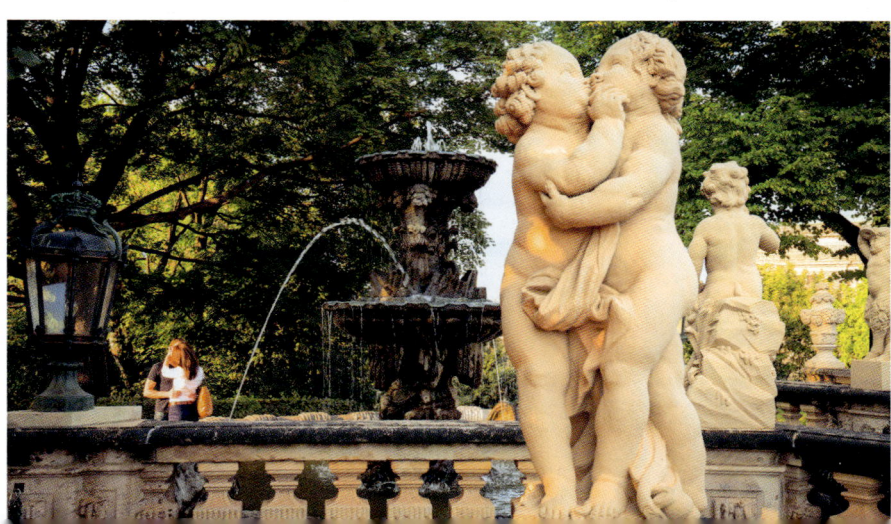

Albrechtsburg Meissen/Dorit Günter: S. 49
Archiv der Kultur- und Tourismusgesellschaft Pirna/
Richard-Wagner-Stätten/Katja Pinzer-Hennig: S. 87
AutoVision GmbH/Die Gläserne Manufaktur: S. 100
o., 100 u.
beatpol-dresden e.V./Till Becker: S. 142
Bundeswehr/MHM: S. 83
Christmas Garden/Michael Clemens: S. 199
Deutsches Hygiene-Museum/Oliver Killig: S. 73, 171
Deutsches Uhrenmuseum Glashütte/S+M Rümmler:
S. 91
Sylvio Dittrich, Dresden: S. 48
Dresden Marketing GmbH/DML-BY-Anja Upmeier: S.
94; Arvid Müller: S. 40; Christoph Münch: S. 102, 175,
204; Daniel Bahrmann: S. 51, ddpix.de: S. 86 r.; Detlef
Ulbrich: S. 155; DMG/Dittrich: S. 8; Dr. Igor Semechin:
S. 90, 172 o.; Erik Gross: S. 181; Florian Kneffel: S. 10
r. o., 30, 96, 124; Frank Exß: S. 3 r., 4 o. l., 29, 38, 71,
74, 101 l., 101 r., 105, 110, 111, 121 o., 156, 158, 178,
193; Jörg Simanowski: S. 149; Martin Förster: S. 62,
120, 203 u., 206; Melanie May: S. 122 o.; Michael R.
Hennig: S. 41, 42; Michael Schmidt: S. 106, 117, 150,
196; Michael Weimer: S. 190; Moritz Schlieb: S. 66;
Patrick Eichler: S. 31, 45; Rainer Weisflog: S. 205;
Robert Jentzsch: S. 177; Sebastian Weingart: S. 85,
97, 99 u., 103, 108, 112 o., 154, 157, 160, 176, 179,
197, 209; Sven Döring: S. 2r., 128, 136, 183; Sven
Döring/Agentur Focus: S. 10 r. u., 44, 151, 208, 213;
Sylvio Dittrich: S. 4 o. r., 15, 19, 23, 34, 95, 133, 180,
192; Tobias Ritz: S. 201
Dresden Tourismus/Christoph Münch: S. 10 l.
Dresdner Bäder GmbH: S. 182
Feldschlösschen Stammhaus, Dresden: S. 144
Foto-Design Herzig, Groß-Gerau: S. 25 u.
Gin House Dresden: S. 146
Hannah Glaser, Winnweiler: S. 11 u.
Hebedas, Dresden: S. 145
Frank Höhler: S. 50
Gernot Huber/laif, Köln: S. 25 o., 27, 35 r., 46, 47, 76
r., 104, 107, 122 u., 153, 195
iStockphoto/Andre Nantel: S. 2 Mitte, 24; Arseniaya
Pavlova: S. 207; delray77: S. 191; Elxeneize: S. 4 u.,
21; Hsvrs: S. 187; Jochen Kos: S. 121 u.; knaufb: S. 35
l.; LianeM: S. 198; Manuela Weschke: S. 202; Martina
Berg: S. 86 l.; mweirauch: S. 37; Nikada: S. 1, 36, 123,

200; Olga Alexandrovna Kolos: S. 152; Philartphace:
S. 159; romrodinka: S. 169 u.; Sebastian Hamm: S. 98;
subtik: S. 2 l., 32; Tomas Sereda: S. 118; TommL: S.
113, 203 o.; ZimbaX20: S. 189; ZU_09: S. 33
Eszter Kalmár, Potsdam: S. 39
Karl-May-Museum Radebeul: S. 78 u., 79
Martin Kirchner/laif, Köln: S. 18, 20, 43, 119, 162
Anja Kleider, Dresden: S. 56, 57, 59, 60, 61, 65, 68, 69
Mediaserver Dresden/Sven Döring: S. 4 o. Mitte, 140,
194
Museen der Stadt Dresden/David Brandt: S. 84, 89 o.,
89 u.; David Pinzer: S. 80, 82; Marco Wende: S. 170
Panometer Dresden: S. 3 l., 92
QF Passage Dresden: S. 166
Pixelio/Helga: S. 3 Mitte, 115; Mathulo: S. 135; Ilona
Steinchen: S. 109; Georg Wittberger: S. 141
Udo Pellmann, Freital: S. 11 o.
Schloss Proschwitz/Silvio Dittrich: S. 52, 53
PullmanDresden/Christoph Rogosz: S. 126
Rank & Büttig Handels- und Verwaltungs GmbH: S.
134, 137, 138, 139
Restaurant Alte Meister, Dresden: S. 129
Saechsische Vinothek, Dresden: S. 168
Shutterstock/A G Baxter: S. 165; ChiccoDodiFC: S. 147;
Dziajda: S. 93; Iamilia: S. 72; kritzeltheartist: S. 28;
Lightboxx: S. 17; Michael Sembsch: S. 173; Mister-
vlad: S. 22; paparazzza: S. 130; Peter Vrabel: S. 26;
Tupungato: S. 132; Uwe Mosch: S. 188
Staatliche Kunstsammlung Dresden/DavidBrandt: S.
114; Galerie Neue Meister/LWL: S. 70 u.; Klut: S. 77
Staatliche Porzellan-Manufaktur Meissen GmbH: S.
163
Tradition & Form, Dresden/Mario Somplatzki: S. 164
TU Dresden/Professur für Photogrammetrie/Robert
Koschitzki: S. 75
Vista Point Verlag (Archiv), Rheinbreitbach: 14 o., 70
o., 76 l., 78 o., 88 u., 99 o., 116, 169 o., 184, 185 o.,
185 u., 186 o., 186 u., 206 l.
Schloss Wackerbarth/Heinz-Dieter Schulz: S. 54; Oliver
Killig: S. 55
Wein.Kultur.Bar, Dresden: S. 148
Wikipedia/Kolossos: S. 172 u., 174; Lvova: S. 112 u.;
Norbert Kaiser: S. 14 u.; Paulae: S. 88 o.
Zum Gerücht, Dresden/L. Winkler: S. 143

Titelbild: Frauenkirche (Foto: iStockphoto/SergeyIT)
Umschlagrückseite: Am Wallpavillon des Dresdner Zwingers (links/s. S. 24), Die Kneipenszene in Dresdens buntem Viertel Neustadt (Mitte/s. S. 140), Die frei stehende Felsformation Falkenstein bei Bad Schandau (rechts/s. S. 32)
Schmutztitel (S. 1): Goldener Reiter – Reiterstandbild Königs August des Starken auf dem Neustädter Markt
Seite 2/3 (v.l.n.r.): Felsformation Falkenstein bei Bad Schandau, Wallpavillon im Zwinger, Biergarten am »Blauen Wunder«, Panometer, der Lange Gang der Residenz, an der Felsformation »Lokomotive« bei Rathen
Seite 4 (v.l.n.r.): Albertinum, in der Neustadt, Elberadweg, Dresden-Panorama (u.)
Seite 10/11: Luther-Denkmal vor der Frauenkirche (S. 10 l.), Brühlsche Terrasse (S. 10 o.r.), Schloss Pillnitz (S. 10 u.r.), »Blaues Wunder« (S. 11 o.), Konzertplatz Weißer Hirsch (S. 11 u.)

Konzeption, Layout und Gestaltung dieser Publikation bilden eine Einheit, die eigens für die Buchreihe der **1000 Places To See Before You Die-City/Regio Guides** entwickelt wurde. Sie unterliegt dem Schutz geistigen Eigentums und darf weder kopiert noch nachgeahmt werden.

Mit Textbeiträgen aus **1000 Places To See Before You Die – Deutschland · Österreich · Schweiz** von Die Journalisten, Roland Mischke, Detlef Schmalenberg, Horst Schmidt-Brümmer und Patricia Schultz.

Unser/e Autor/in hat diese Ausgabe während der Coronavirus-Pandemie recherchiert. Aufgrund der Pandemie kann es zu veränderten Öffnungszeiten und Zugangsbeschränkungen sowie Schließungen kommen. Wir bitten dies zu entschuldigen!

© 2021 VISTA POINT Verlag GmbH, Rolandsecker Weg 30, D-53619 Rheinbreitbach
Alle Rechte vorbehalten
Reihenkonzeption: Andreas Schulz & VISTA POINT-Team
Bildredaktion: Kathrin Fäller
Lektorat: JB Bild | Text | Satz
Layout und Gestaltung: Britta Wilken
Reproduktionen: Henning Rohm, Köln; Noch & Noch, Datteln
Kartographie: Berndtson & Berndtson Productions GmbH, Fürstenfeldbruck, und Huber Kartographie, Unterschleißheim
Druckerei: Florjançiç tisk d.o.o., Slowenien

ISBN 978-3-96141-575-5

An unsere Leser!
Die Informationen dieses Buches wurden gewissenhaft recherchiert und von der Verlagsredaktion sorgfältig überprüft. Nichtsdestoweniger sind inhaltliche Fehler nicht immer zu vermeiden. Für diese übernimmt der Verlag keine Haftung. Für Ihre Korrekturen und Ergänzungsvorschläge sind wir dankbar.

VISTA POINT Verlag
Rolandsecker Weg 30 · 53619 Rheinbreitbach
Telefon: +49 (0)2224/7795-0 · Fax: +49 (0)2224/7795-100
info@vistapoint.de · www.vistapoint.de · www.facebook.de/vistapoint